Dr. Katharina Turecek

Die 99 besten Lerntipps

Vom Schulbeginn bis zum Ferienstart

99 radioerprobte
Lastminute-Tricks

Danke,

Anna Pertl, für deine Ideen und dein Feedback!
Vincent de Vrijer, für deine Unterstützung!

© Hubert Krenn VerlagsgesmbH, Wien 2010
www.hubertkrenn.at

Lektorat: Alexander Schipflinger
Fotos: photocase.com, dreamstime.com, photodisc
Umschlaggestaltung: Marianne Prutsch
Grafik: Barbara Schneider-Resl
Druck und Bindung: Druckerei Theiss GmbH, A-9431 St. Stefan

ISBN 978-3-99005-071-2

Dr. Katharina Turecek

Die 99 besten
Lerntipps

Vom Schulbeginn bis zum Ferienstart

99 radioerprobte
Lastminute-Tricks

Inhalt

Vorwort

Du assoziierst mit Lernen stundenlanges Am-Schreibtisch-Sitzen, müde Augen und Langeweile? Dann wird es Zeit, dass du ein paar einfache anregende Lerntipps kennenlernst!

Bring Schwung in deinen Lernalltag mit den kurzweiligen und vielseitigen Tipps in diesem Buch. Die „Lerntipps" sind eingeteilt in elf Kapitel:

* Selbstorganisation
* Motivation
* Konzentration
* Entspannung
* Lesetechniken
* Lernstrategien
* Lernmaterialien
* Eselsbrücken
* Mnemotechniken
* Schreibtechniken
* Prüfungsvorbereitung

Jedes Kapitel besteht aus neun Lerntipps. Du kannst die Reihenfolge selber bestimmen.

Dein Lern-Training muss nicht viel Zeit in Anspruch nehmen! Alle Übungen sind so ausgewählt, dass sie in kurzer Zeit durchführbar sind. Verteile die Tipps und absolviere nicht das ganze Programm auf einmal. Je öfter du dich den verschiedenen Aufgaben widmest, desto besser.

Varianten

 Wenn dir eine der Aufgaben gefällt, kannst du sie wiederholen. Bei vielen Übungen findest du Alternativen und Vorschläge, wie du die Aufgabe leicht verändern kannst.

Lernen im Team

 Viele Übungen kannst du zu zweit oder in einer kleinen Gruppe anwenden. So könnt ihr eure Erfahrungen austauschen und voneinander profitieren. Hast du ein starkes Lern-Team?

Vertiefen

Du möchtest gerne mehr wissen? Diese und ähnliche Übungen findest du in weiterführenden Büchern. Zielgerichtete Tipps und Tricks können dir dabei helfen, deine Technik zu perfektionieren. Was ist dein aktuelles Lernziel? Finde Ratschläge und Hintergrundinformationen, die genau auf deine Bedürfnisse abgestimmt sind:

clever Lernen – KIDS
Katharina Turecek

8–12 Jahre; Volks- und Hauptschule, Neue Mittelschule, Gymnasium
2008, Krenn Verlag

Einmal gelernt, nie mehr vergessen
Katharina Turecek

12–16 Jahre; Hauptschule, Neue Mittelschule, Gymnasium
2004, Krenn Verlag

Handbuch Studium
Katharina Turecek

ab 16 Jahren; Oberstufe Gymnasium, Universität
2010, Krenn Verlag

clever Lernen – Sprachen
Katharina Turecek

ab 12 Jahren; Fremdsprachen
2009, Krenn Verlag

Los geht's!

Viel Erfolg wünscht Katharina, www.a-head.at

*„Würdest du mir bitte sagen,
wie ich von hier aus weitergehen soll?" –
„Das hängt zum größten Teil davon ab,
wohin du möchtest," sagte die Katze.
„Ach, wohin ist mir eigentlich gleich ...,"
sagte Alice. „Dann ist es auch egal,
wie du weitergehst," sagte die Katze.
(Lewis Carroll)*

Selbstorganisation

Das Lerntipp-Programm „Selbstorganisation" zeigt dir, wie du dein eigener Schiedsrichter sein kannst.

In diesem Kapitel erfährst du, wie du einen Lernplan erstellst. Du wirst merken, dass dieser nicht nur deinen Lernerfolg verbessert, sondern auch deine Freizeit verlängert. Achte darauf, dass du dich nicht selber ins Out spielst, und zeige dir rechtzeitig die gelbe Karte. Gerade wenn du das Gefühl hast, dass dir die Zeit davonrennt, musst du die wenigen Stunden, die du hast, optimal nützen. Strukturiere darum deine Vorhaben und gehe deine Lernprojekte gezielt an, damit du nicht außer Atem kommst.

Selbstorganisation bedeutet außerdem, mit deinen Energien richtig umzugehen. Gönne dir rechtzeitig eine Auszeit und tanke Energie mit Gehirnnahrung!

Lerntipps Selbstorganisation

* ✱ To-do-Liste
* ✱ Zeitplan
* ✱ Lernplan
* ✱ Halbzeit
* ✱ End the break
* ✱ Desktop aufräumen
* ✱ Desktop bewältigen
* ✱ Brainfood
* ✱ Take away

1 To-do-Liste
Was hast du heute zu erledigen?

Verfasse hier eine To-do-Liste für diese Woche. Was möchtest du im Laufe der nächsten sieben Tage erledigen?

Gestalte jetzt deine To-do-Liste überschaubarer:

✳ Markiere die wichtigsten Tätigkeiten mit einem dicken roten Rufzeichen.

✳ Verwende Abkürzungen, um deine Listen übersichtlicher zu gestalten.

✳ Arbeite mit Symbolen:

 anrufen    lernen   fragen

Welche Symbole könntest du noch verwenden?

✳ Wähle Farben, um unterschiedliche Bereiche voneinander abzugrenzen. So kannst du etwa alles, was mit Schule oder Studium zu tun hat, mit derselben Farbe markieren.

2 Zeitplan ...

Zeitmanagement leicht gemacht

Die nächste Prüfung rückt näher und näher? Erstelle dir rasch einen Zeitplan.

✳ Wie viele Tage hast du noch Zeit? Streiche alle Zeilen der Tabelle, die bereits verstrichen sind. Wenn du beispielsweise in vier Tagen deine Prüfung hast, streiche demnach die Zeilen 7, 6 und 5 durch.

	Vormittag	Nachmittag	Abend
7			
6			
5			
4			
3			
2			
1			
0	Tag der Prüfung		

✳ An welchen Tagen hast du keine Zeit? Streiche alle Zeiten durch, die du bereits verplant hast.

✳ Markiere jetzt die Zeiten, in denen du dir vornimmst zu lernen.

Wirf zum Abschluss noch einen kurzen Kontrollblick auf deinen Plan. Ist dein Vorhaben realistisch?

Lernen im Team  :

Verwendet einen derartigen Zeitplan, wenn ihr gemeinsam an einem Projekt arbeitet. Findet so heraus, ob ihr euer Ziel tatsächlich zum geplanten Zeitpunkt erreichen könnt.

Lernplan ...
Lernen mit System

Jede Menge Stoff – wo soll man da beginnen? Plane die Lernzeit für deine nächste Prüfung effizient:

* ✱ Was ist Prüfungsstoff? Liste die verschiedenen Themen auf.
* ✱ Markiere die besonders wichtigen Themen mit einem Rufzeichen. Welche Fragen erwartest du auf jeden Fall?
* ✱ Welche Kapitel sind besonders schwierig oder umfangreich? Hebe sie hervor, indem du sie unterstreichst.

Strategie

Gibt es Themen, die wichtig und umfangreich sind? Dann solltest du mit diesen beginnen.

Wärm dich auf: Widme dich zunächst den wichtigen Punkten, die du mit einem Rufzeichen markiert hast. Sobald du dich eingearbeitet hast, kannst du dich an die schwierigen und umfangreichen Themen heranwagen.

Halbzeit
Coache dich selbst

Stelle dir die folgenden Fragen, sobald die Hälfte deiner Lernzeit vorbei ist:

Welche Lernziele wollte ich erreichen?	Welche Lernziele habe ich erreicht?	Ergebnis: Welche Lernziele muss ich noch erreichen?

Wann wollte ich lernen?	Wann habe ich tatsächlich gelernt?	Ergebnis: Habe ich meine Zeit gut genützt? Wann wurde ich abgelenkt und warum?

End the break

Durchstarten nach der Pause

Viele Lernende haben Schwierigkeiten damit, nach einer Pause wieder mit der Arbeit zu beginnen. Pausen werden so unnötig in die Länge gezogen und die Grenze zwischen Arbeits- und Freizeit verschwimmt. Gib deinem inneren Schweinehund keine Chance und ziehe einen klaren Trennstrich am Ende deiner Pause:

Plane das Ende der Pause, wenn du die Pause beginnst

* Bestimme einen fixen Zeitpunkt, zu dem du weiterarbeitest. Schreib die Uhrzeit auf oder stelle dir einen Wecker.

* Überlege dir vor der Pause, wo du nachher weiterarbeiten wirst. Schreibe dir eine kurze Notiz, damit es dir später leichterfällt, den Faden wieder zu finden.

Wähle eine Pausenbeschäftigung, die du leicht beenden kannst

* Vermeide allzu schöne Beschäftigungen in der Pause: Es wird dir leichter fallen, damit aufzuhören, dein Zimmer aufzuräumen, als das spannende Buch zur Seite zu legen ...

* Zieh den Stecker vom Fernseher. Fernseher sind gefährliche Lernfeinde. Die Zeit vergeht schnell und das flimmernde Bild macht träge.

* Computerspiele und Internetsurfen können uns viel länger vom Lernen abhalten, als uns lieb ist. Schalte nach zwanzig Minuten Pause den Computer aus.

Belohne dich, sobald du wieder mit der Arbeit beginnst

* Gönne dir eine Banane, eine kleine Süßigkeit oder ein leckeres Getränk – sobald du das Buch wieder aufschlägst.

* Beginne nach der Pause nicht mit den Aufgaben, die dir am wenigsten Spaß machen, sondern wähle einen leichten Einstieg.

Wie sieht dein Schlussstrich für die nächste Pause aus?

Desktop aufräumen
Schubladen auf deinem Bildschirm

Arbeitest du auf deinem Computer an mehreren Projekten gleichzeitig und häufen sich die Dateien auf deinem Desktop? Indem du alte Dateien regelmäßig entfernst und ähnliche Projekte in Ordnern zusammenfasst, kannst du das Chaos bereits ein wenig in den Griff bekommen.

Schaffe zusätzlich Ordnung, indem du deinen Desktop in verschiedene Bereiche einteilst.

Teile dazu all deine aktuellen Projekte in unterschiedliche Gruppen ein. Du kannst die Dateien beispielsweise nach Schulfächern sortieren. Verschiebe die Dateien an passende Stellen auf der Hintergrundgrafik deines Desktops.

Desktop bewältigen
So bezwingst du deinen Arbeitsberg

Auf deinem Laptop-Desktop häufen sich die zu bearbeitenden Dateien und du weißt nicht, wo du anfangen sollst?

Zeitmanagement bedeutet, Prioritäten setzen zu können. Das hat bereits US-Präsident Dwight Eisenhower festgestellt und daher dieses nach ihm benannte Schema entwickelt, um Aufgaben in der optimalen Reihenfolge zu bewältigen: Gestalte eine Hintergrundgrafik, die aus vier Rechtecken besteht, und benenne diese nach dem Eisenhower-Prinzip:

Du kannst die vier Felder mit passenden Fotos oder Grafiken ausfüllen.

Wähle die gestaltete Grafik als Hintergrund für deinen Desktop und verschiebe jetzt die Dateien in die entsprechenden Fächer.

Beginne jetzt damit, deinen Arbeitsberg aufzuarbeiten. Fang immer mit den Dateien im linken oberen Eck an!

Widme dich erst anschließend dem linken unteren Eck. Überlege dir aber, ob du diese Aufgaben nicht vielleicht jemandem anderen überlassen kannst.

Die Dateien im rechten oberen Eck können warten. Bestimme aber schon jetzt einen Zeitpunkt, an dem du dich mit diesen Aufgaben auseinandersetzen kannst.

Betrachte die Dateien im rechten unteren Eck kritisch. Welche Aufgaben davon kannst du streichen?

Variante:

Du kannst dasselbe Schema auch unabhängig von deinem Computer einsetzen. Schreibe alles, was du zu erledigen hast, auf kleine Kärtchen und hefte diese auf eine Pinnwand oder lege sie vor dir auf. Teile die Fläche in vier Rechtecke und gehe nach demselben Schema vor.

Brainfood

Clevere Snacks vorbereiten

Deine kleinen grauen Zellen brauchen Energie. Stelle dir einen Gehirn-Snack für zwischendurch zusammen.

Mische verschiedene ungesalzene Nüsse mit ein paar Trockenfrüchten. Gib eine Handvoll davon in eine kleine Schale und stelle diese auf einen Arbeitsplatz. Nüsse sind aufgrund der enthaltenen Omega-3-Fettsäuren gesunde Energiequellen und nicht nur fürs Gehirn, sondern auch für Herz und Kreislauf gut. Außerdem enthalten Nüsse viele wichtige Vitamine wie die für die Nervenzellen bedeutenden B-Vitamine.

Koche Wasser und lass einen Kräutertee deiner Wahl ziehen. Belebend wirkt beispielsweise Zitronengras. Neben schwarzem Tee ist übrigens auch grüner Tee ein Muntermacher. Lass grünen Tee nicht länger als zwei bis drei Minuten ziehen, damit er seine belebende Wirkung erhält.

Sorge dafür, dass auf deinem Arbeitsplatz immer eine Schüssel Nüsse und Tee oder Wasser bereitstehen.

Variante:

Knabbersnack: Schneide Karotten, Gurken und anderes Gemüse in kleine Streifen. Du kannst sie nebenbei knabbern.

9 Take away

Nichts mehr vergessen

Häufig verlassen wir unser Haus, ohne nachzudenken. Da kann es leicht passieren, dass etwas vergessen wird. Reserviere eine Ablagefläche in deinem Zimmer für deinen „Take away". Dieser Platz ist für alles bestimmt, was du in nächster Zeit mitnehmen musst. Der Taschenrechner für die Mathe-Schularbeit liegt da ebenso wie das Buch, das du deinem Schulkollegen zurückgeben wolltest. Dein Take away funktioniert wie ein Knoten im Taschentuch und erinnert dich im richtigen Moment.

Wo ist dein Take away?

Variante:

Gestalte neben dem Take-Away auch einen To-do-Platz in deinem Zimmer. Wähle eine Ablagefläche in Greifweite deines Schreibtisches, um beispielsweise Unterlagen zu stapeln, die du noch durcharbeiten musst.

*Eine mächtige Flamme entsteht
aus einem winzigen Funken.
(Dante Alighieri)*

Motivation

Willkommen im Lerntipp-Programm „Motivation"!

Jeder kennt sie: die Tage, an denen man einfach keine Lust hat zu lernen …

Ich habe hier ein paar Ideen gesammelt, mit denen ich mich selber in Schwung bringe, wenn mir die Motivation ausgeht. Vielleicht gelingt es damit auch dir, diese Flamme zu entzünden und dir Schwung für deine Lernprojekte zu geben.

Verliere deine großen Ziele, Wünsche und Träume nicht aus den Augen. Wo willst du hin? In diesem Kapitel erfährst du, wie du deine Ziele in kleinere Teilziele zerlegst und diese Schritt für Schritt erreichst. Ein Hochspringer, der sich die Latte nicht selber immer höher legt, hat keine Chance, seinen eigenen Rekord zu brechen. Wenn du dich selber verbessern möchtest, musst du dir selbst Ziele setzen und diese auch verfolgen.

Du kannst immer wieder auf die einzelnen Übungen zurückkommen, wenn dich der innere Schweinehund wieder überfällt.

Lerntipps Motivation

* Ziele erreichen
* SMS an mich selbst
* Ziel-Kontrolle
* Belohnungen
* Lernerfolge
* Idol
* 10 Jahre gealtert
* Fotoalbum
* Weise Ratschläge

Ziele erreichen
Hol deine Ziele an dich heran

Was möchtest du erreichen? Halte deine Lernziele fest.

in einem Jahr

Wo möchtest du in einem Jahr sein? Was ist dein langfristiges Ziel?

in einem Semester

Hol dein Ziel näher an dich heran. Wo musst du in sechs Monaten stehen, um in einem Jahr dein langfristiges Ziel tatsächlich erreichen zu können.

in einem Monat

Ein halbes Jahr ist immer noch reichlich weit weg. Welche Teilschritte musst du im nächsten Monat erledigen? Welche Prüfungen stehen dir beispielsweise bevor?

Schreibe deine Lernziele für das nächste Monat auf.

in einer Woche

Welche Lernziele musst du in dieser Woche erreichen, um dein Monatsziel erreichen zu können?

heute

Was kannst du heute tun, um deinem Wochenziel näher zu kommen? Notiere dein Lernziel für den heutigen Tag.

Brich deine großen Ziele regelmäßig in derartige Teilschritte auf! Ein Läufer erreicht sein Ziel nicht in einem Sprung, sondern Schritt für Schritt.

SMS an mich selbst
Schicke eine Nachricht in die Zukunft

Schreibe dir selbst eine SMS. Verzögere den Versand um eine Woche und sorge so dafür, dass du die SMS in genau sieben Tag erhältst.

Wo wirst du in sieben Tagen sein? Was wirst du in der Zeit erreicht haben? Gratuliere dir selber zu deinen Lernerfolgen und schreibe dir selber, wie stolz du bist, dass du bestimmte Aufgaben erledigt hast. Versuche dir so genau wie möglich vorzustellen, an welchen Projekten du wann in der nächsten Woche arbeiten wirst, und schreibe die SMS im Rückblick. Klopfe dir so selber auf die Schulter.

Lernen im Team 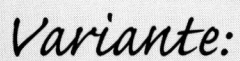 :

Habt ihr gemeinsame Lernprojekte oder -ziele? Schreibt eine E-Mail für einen bestimmten Moment in der Zukunft und blickt zurück, wie ihr das Projekt bewältigt habt. Beschreibt, wer welche Aufgaben erledigt hat und wie ihr auftretende Probleme gelöst habt.

Variante:

Wenn der Platz in der SMS zu knapp wird, kannst du dir natürlich längere Berichte in die Zukunft schicken. Formuliere eine E-Mail an dich selbst, beispielsweise adressiert ans Ende des Semesters.

Ziel-Kontrolle

Sind deine Ziele klug gewählt?

Nenne spontan ein Ziel, das du dir selber gesetzt hast. Mit dem folgenden Schema kannst du kontrollieren, ob du es gut gewählt hast.

das SMART-Prinzip

Optimale Ziele sind:

S – Spezifisch

Kannst du dein Ziel konkreter formulieren? Statt „Ich schaffe die Geographie-Prüfung" könntest du konkretisieren: „Ich kann alle Länder der EU nennen." Formuliere dein Ziel so, dass du es gut von anderen Zielen unterscheiden kannst.

M – Messbar

Wie merkst du, dass du dein Ziel erreicht hast? Wann erfährst du, dass du es geschafft hast? Lege fest, wie du deinen Erfolg überprüfen wirst.

A – Angemessen

Kannst du dein Ziel überhaupt erreichen oder solltest du ein einfacheres Ziel wählen?

R – Relevant

Setze dir brauchbare Ziele. Musst du das Ziel erreichen, um deinen Wünschen näher zu kommen?

T – Terminiert

Bis wann willst du dein Ziel erreichen? Bestimme jetzt einen konkreten Zeitpunkt.

Lernen im Team  **:**

Gemeinsam seid ihr stark! Greift euch gegenseitig unter die Arme und betrachtet die Vorhaben des anderen kritisch. Sind die Ziele SMART?

Belohnungen
Feiere deine Erfolge

Wenn man sich ein Ziel setzt, ist es wichtig, dass du dir gleichzeitig eine Deadline dazu überlegst. Bis wann möchtest du dein Ziel erreichen? Wenn du dir nicht überlegst, wann du etwas erledigen möchtest, ist das Risiko sehr groß, dass du das Ziel aus den Augen verlierst.

Denk an ein Lernziel, das du im Laufe dieser Woche erledigen möchtest. Wann genau soll es abgeschlossen sein? Überlege dir jetzt einen konkreten Zeitpunkt.

Lernziel: .... Deadline: ....

Welchen Vorteil hat es, wenn du dein Lernziel tatsächlich bis zur Deadline abgeschlossen hast? Überlege dir, welche Belohnung du dir danach gönnen wirst.

Hier ein paar Ideen:

❋ Freizeit: Gönne dir, nachdem du dein Lernziel erreicht hast, eine wohlverdiente Pause und tue etwas, auf das du dich freuen kannst. Welche Freizeitaktivitäten fallen dir ein?

❋ Genießen: Gibt es eine bestimmte Speise, die du so gerne isst, dass sie als Belohnung dienen könnte? Wie könntest du deinen Lernerfolg kulinarisch feiern?

❋ Geschenk: Mach dir ein Geschenk, wenn du deine Deadline einhältst. Womit konntest du dich belohnen?

Lass dir eine geeignete Belohnung für dein aktuelles Lernziel einfallen und setzte sie sofort nach Erreichen des Ziels ein.

meine Belohnung: ....

Plane angemessene Belohnungen: Je größer das Lernziel, desto ansehnlicher kann deine Belohnung werden. Aber jedes kleine Lernziel ist ebenfalls eine Belohnung wert. Überlege dir entsprechende kleine Anerkennungen.

Halte dich an deine eigenen Abmachungen und setze die Belohnung wirklich nur dann ein, wenn du dein Ziel erreicht hast!

Lernen im Team  :

Vereinbart gemeinsame Deadlines! Lasst euch gegenseitig nicht im Stich und arbeitet auf euer Ziel hin. Was könntet ihr anschließend gemeinsam unternehmen, um euren Erfolg zu feiern?

Lernerfolge

Du bist zum Lernen geboren!

Hast du manchmal das Gefühl, lernen liege dir einfach nicht? Kein Wunder, das Schulsystem versucht uns das immer wieder einzureden.

Schreibe darum jetzt eine Liste aller Dinge, die du in deinem Leben gelernt hast! Denk daran, was du als kleines Baby konntest und nicht konntest und welche Fähigkeiten du im Laufe deines Lebens erworben hast. Schreibe alle großen und kleinen Lernerfolge auf.

Fülle erst anschließend die zweite Spalte und schreibe auf, welche Lernziele du bis jetzt noch nicht erreicht hast.

meine Lernerfolge	meine Misserfolge

Wetten, dass die erste Spalte viel umfangreicher ist? Ruf dir diese Tabelle in Erinnerung, wenn dir jemand das Gefühl vermittelt, du wärst ein schlechter Lerner. Die Tabelle zeigt dir das Gegenteil!

Lernen im Team :

Füllt die Listen nicht für euch selbst, sondern für euren Lernpartner aus. Wie schätzt ihr eure gegenseitigen Erfolge ein?

Idol
Werde, wer du sein könntest

Gibt es jemanden, von dem du dir denkst: „So wäre ich auch gerne!"? Welche Eigenschaften bewunderst du in Menschen um dich herum? Überlege dir, wer für dich eine Art Vorbild ist. Du kannst dir verschiedene Idole für verschiedene Bereiche suchen. Gibt es Personen, die dein Ziel bereits erreicht haben?

Schreibe hier dein Ziel und den Namen der Person auf, die dieses Ziel in deinen Augen erreicht hat.

Ziel: .... Vorbild: ....

Wie hat diese Person ihr Ziel erreicht? Welche Schwierigkeiten musste sie bewältigen und wie hat sie gewisse Probleme deiner Meinung nach gelöst? Welche Eigenschaften haben ihr den Erfolg ermöglicht?

Versetze dich, wenn du vor einem Problem stehst, gedanklich in die Lage deines Vorbildes. Wie würde sie die Situation lösen? Was hindert dich daran, es genauso zu tun?

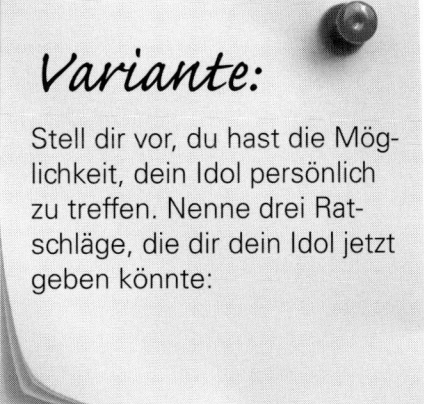

Variante:

Stell dir vor, du hast die Möglichkeit, dein Idol persönlich zu treffen. Nenne drei Ratschläge, die dir dein Idol jetzt geben könnte:

Lernen im Team:

Überlegt euch geeignete Idole füreinander. Wer könnte euer gemeinsames Vorbild sein? Welche Idole würdet ihr füreinander wählen? Gibt es Bereiche, in denen ihr euch gegenseitig ein Vorbild seid?

10 Jahre gealtert
Wirf einen Blick in die Kristallkugel

Wo wirst du in zehn Jahren sein? Denke an den heutigen Tag in zehn Jahren: Wie stellst du dir dein Leben dann vor?

Welche Gedanken kommen dir in den Kopf? Schreibe sie alle spontan auf:

heutiges Datum in zehn Jahren:

....

Variante:

Welche Lernerfolge, Ausbildungen stehen dir in den nächsten zehn Jahren bevor? Wie wirst du die Person, die du dir gerade vorgestellt hast?

Fotoalbum
Ich in 10 Jahren

Diese Seite stammt aus einem Fotoalbum in zehn Jahren. Skizziere die Bilder. Wie stellst du dir dich selber in zehn Jahren vor? In welcher Umgebung bist du? Was machst du und was hast du erreicht? Gestalte die Seite deines Foto-albums:

Variante:

Gestalte ein Bild in „Photo-shop". Schneide ein Bild von dir selber aus einem aktuel-len Foto und setze es in einer Umgebung ein, in der du in zehn Jahren sein könntest.

Weise Ratschläge
Drehe an der Zeit

Im Nachhinein weiß man immer alles besser … schade, dass man die Zeit dann nicht zurückdrehen kann. Drehe darum den Spieß um und versetze dich in die Zukunft.

Stell dir vor, du bist 80, hast dein Leben hinter dir. Manche Ziele hast du erreicht, andere auch nicht. Jetzt denkst du zurück und überlegst dir, welche Ratschläge du dir selber als jüngerer Mensch geben würdest. Schreibe dir selber eine E-Mail im Rückblick. Welche Ratschläge gibst du dir?

Lernen im Team  **:**

Schreibt euch gegenseitig E-Mails aus der Zukunft. Welche Tipps könnt ihr euch gegenseitig geben?

Es ist besser, in einer Wüste wach zu sein,
als in einem Paradies zu schlafen.
(Waldemar Bonsels)

Konzentration

Steigere deine Aufmerksamkeit mit dem Lerntipp-Programm „Konzentration"! Das Trainingsprogramm setzt sich aus drei Bereichen zusammen:

1. Nur wenn du körperlich fit bist, bist du auch geistig leistungsfähig. Die ersten drei Übungen widmen sich deswegen der Basis für deine Konzentration: deiner Aktivierung.

2. Vermeide Fehlschläge, indem du Ablenkungen keine Chance gibst! Die nächsten drei Aufgaben helfen dir dabei, deine Aufmerksamkeit in der Mitte des Spielgeschehens zu halten und dich nicht von Störfaktoren aus dem Konzept bringen zu lassen

3. Letztlich findest du auch noch drei Trainingseinheiten zum Thema „Fokus". Härte dich selber ab, um in der entscheidenden Situation bei der Sache zu bleiben.

Achte auf alle drei Stufen, um deine Konzentrationsfähigkeit zu optimieren, damit du gut im Rennen liegst!

Lerntipps Konzentration

* ❋ Leistungskurve
* ❋ Aktivierungskurve
* ❋ Gelenkekreise
* ❋ Störungsfreie Zone
* ❋ Internet under control
* ❋ Musik hören – ja oder nein?
* ❋ Torschützenkönig
* ❋ Zungenbrecher
* ❋ Luftbuchstaben

Leistungskurve
Deine Energie im Laufe eines Tages

Du bist im Laufe von 24 Stunden nicht immer gleich leistungsfähig! Die typische Leistungskurve zeigt in den Nachtstunden und nach dem Mittagessen Tiefpunkte und am Vormittag sowie am Nachmittag zwei Leistungshochs.

Wie sieht deine persönliche Leistungskurve aus? Du findest eine Beispielkurve in der Grafik. Trage daneben deine persönliche Kurve ein. Wann fühlst du dich besonders fit?

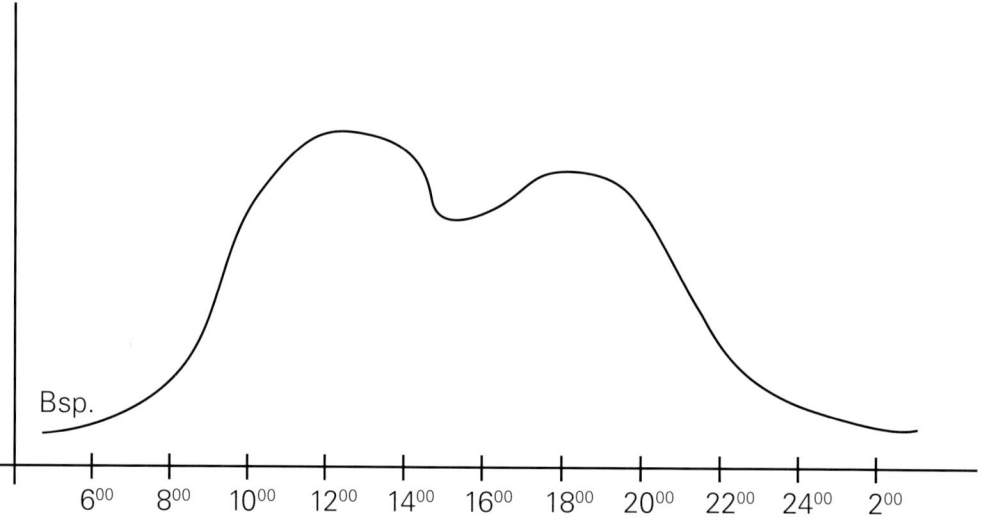

Zu welchen Uhrzeiten solltest du entsprechend besonders wichtige Lernprojekte erledigen?

Aktivierungskurve
Wie fühlst du dich jetzt?

Du siehst hier eine einfache Aktivierungs-Leistungs-Kurve. Die Rechnung ist simpel: Je munterer du bist, desto leistungsfähiger bist du auch. Aufgeweckt kannst du leichter lernen als im Tiefschlaf. Aber irgendwann kannst du deine Leistungsfähigkeit nicht weiter steigern. Wenn du weiter erregt wirst, fühlst du dich gestresst und das Lernen fällt dir wieder schwerer.

Wo auf der Kurve befindest du dich jetzt gerade?

Fühlt du dich eher müde und zu schlapp, um zu arbeiten? Dann bist du im linken niederen Bereich der Kurve.

Bist du gestresst oder aufgeregt und hast du Schwierigkeiten ruhig zu sitzen? In dem Fall befindest du dich im rechten niederen Bereich der Kurve.

Oder fühlst du dich total fit und leistungsfähig? Dann hast du gerade das Optimum deiner Aktivierungskurve erreicht. Großartig! Jetzt hast du die optimalen Ausgangsbedingungen für dein Lernprojekt.

Trage deinen momentanen Zustand in der Kurve ein.

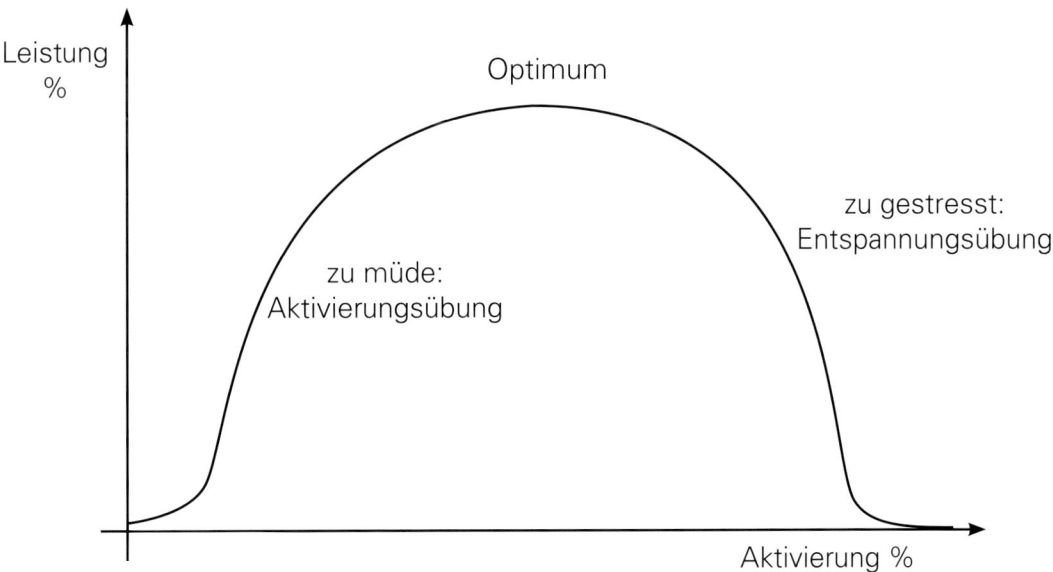

Durch Aktivierungs- oder Entspannungsübungen kannst du dich dem Optimalbereich deiner Kurve nähern.

Gelenkekreise

In Gang kommen

Durch langes Sitzen werden unsere Gelenke steif. Mit dieser Übung lockerst du deine Knochen und Muskeln und bringst deinen Körper wieder in Bewegung. Wiederhole diese Übung, wenn du dich zu müde fühlst, um zu arbeiten.

Finger

Öffne und schließe deine Hände zehn Mal. Stell dir dabei vor, du würdest einen Teig kneten.

Handgelenke

Drehe deine Hände im Kreis. Zeichne so mit jeder Hand zehn große Kreise in die Luft.

Schultern

Ziehe deine Schultern hoch in die Luft, anschließend nach hinten und unten und bringe sie vorne wieder in die Höhe. Wiederhole dieses Schulterkreisen zehn Mal.

Füße

Stehe jetzt auf und stell dich auf ein Bein. Bewege das Fußgelenk des anderen Beines zehn Mal in kreisförmigen Bewegungen. Wechsle anschließend das Bein.

Hüfte

Zeichne, während du auf einem Bein stehst, mit dem anderen Knie zehn große Kreise in die Luft. Wiederhole die Übung anschließend mit dem anderen Bein.

Störungsfreie Zone
Sage Ablenkungen den Kampf an

Wo kannst du in Ruhe lernen?

Skizziere hier deinen Arbeitsplatz:

Was lenkt dich beim Lernen ab? Trage Störungen in roter Farbe ein.

Entwickle jetzt deine persönliche störungsfreie Zone. Wie kannst du den Ablenkungen den Kampf ansagen? Überlege dir mögliche Gegenstrategien.

Internet under control
Schaffe dir Kontrolle über das Internet

Das Internet ist wie der Fernseher eine gefährliche Ablenkungsquelle und ein trickreicher Zeitdieb. Finde heraus, wohin deine Zeit im Internet fließt.

Schätze

So lange bin ich täglich im Internet: .... h .... min
So verbringe ich die Zeit:

* ✱ E-Mails: .... h .... min
* ✱ social networks: .... h .... min
* ✱ chatten: .... h .... min
* ✱ Spiele: .... h .... min
* ✱ Nachrichten lesen: .... h .... min
* ✱ Recherchen: .... h .... min
* ✱ downloaden Filme, Musik: .... h .... min
* ✱ gezieltes Suchen (Telefonnummern, Adressen etc.): .... h .... min
* ✱ .... : .... h .... min
* ✱ .... : .... h .... min
* ✱ .... : .... h .... min

Würdest du gleichzeitig Schach spielen, mit deiner Cousine telefonieren, aufräumen, eine Adresse im Telefonbuch nachschlagen und nebenbei noch Mathematik lernen? Wahrscheinlich nicht. Warum also all diese Dinge online sehr wohl gleichzeitig versuchen? Teile die verschiedenen Tätigkeiten in Kategorien ein.

Welche Kategorien fallen dir ein? Hast du Ideen, wie du Zeit sparen könntest?

Variante:

Internetprotokoll
Führe mindestens einen Tag lang genau Protokoll darüber, wie du das Internet verwendest, und vergleiche das Ergebnis mit deinen Schätzwerten.

Musik hören – ja oder nein?

Lernen mit und ohne Musik

Die Worte des folgenden Textes sind verdreht. Lies sie von hinten nach vorne, um den Text zu entschlüsseln.

nneW ud hcid tsreirtneznok tsnnak ud neseid txeT nesel, lhowbo eid etroW therdrev dnis. thciN ella nehcsneM neröh enreg kisuM dnerhäw eis netiebra. eiW tsi sad ieb rid? tshcuarB ud etulosba ellitS nnew ud hcid nereirtneznok tsllos redo tsröh ud ba dnu uz enreg kisuM dnerhäw ud tsnrel? ereiborP se sua dnu etlahcs tztej sad oidaR nie. seiL tsre retiew, nnew eid kisuM tfuäl.

nehcleW redneS tsah ud tlhäweg? etlahcS dnerhäw ud tseilretiew red ehieR hcan ehcildeihcsretnu redneS nie. ieB rehclew kisuM tsnnak ud ma netsehe trötsegnu neselretiew? edniF os suareh, ehclew kisuM hcis rüf hcid sla kisumnreL tengie dnu etlatseg rid lleutneve enie ednehcerpstne tsilyalP.

eleipS medreßua tim red ekrätstuaL. nneW ud sad oidaR resiel tsllets tröts hcilniehcsrhaw tsbles eid etsmhenegnanu kisuM reginew sla rehrov. eherD tztej ned rotalugerekrätstuaL os tiew eiw hcilgöm ni ied ehöH. tsetnnöK ud remmi hcon losmelborp neselretiew?

kneD narad, ssad ud hcid rüf ehcnam nebagfuA rekräts nereirtneznok tssum sla rüf eredna. edniF suareh, nnaw ud kisuM mi dnurgretniH nefual nessal tsethcöm dnu nnaw ud eis resseb neherdba tsnnak.

Torschützenkönig
Augen unter Kontrolle

Welcher Ball landet im Tor? Löse dieses Rätsel, ohne die Linien mit einem Stift zu verfolgen! Folge den Linien nur mit deinen Augen:

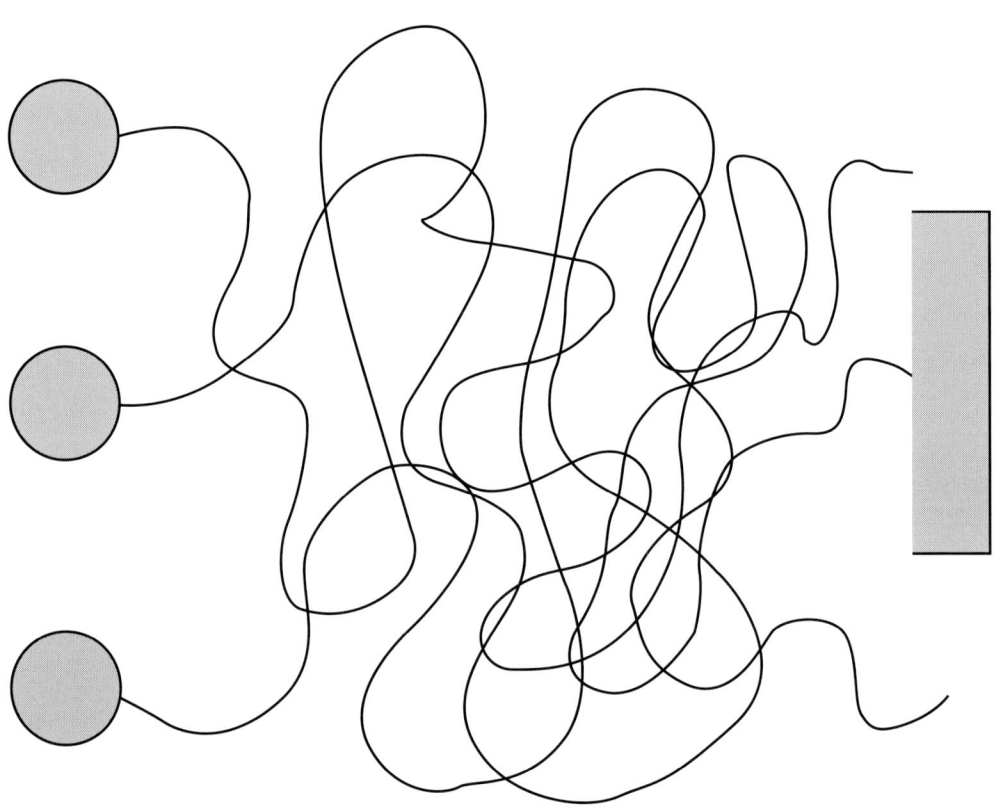

Zungenbrecher
Sprache unter Kontrolle

Lies den folgenden Text laut vor:

Rhabarber-Barbara[1]

In einem kleinen Dorf wohnte einst ein Mädchen mit dem Namen Barbara. Barbara war in der ganzen Gegend für ihren ausgezeichneten Rhabarberkuchen bekannt. Weil jeder so gerne Barbaras Rhabarberkuchen aß, nannte man sie Rhabarberbarbara. Rhabarberbarbara merkte bald, dass sie mit ihrem Rhabarberkuchen Geld verdienen könnte. Daher eröffnete sie eine Bar: Die Rhabarberbarbarabar. Natürlich gab es in der Rhabarberbarbarabar bald Stammkunden. Die bekanntesten unter ihnen, drei Barbaren, kamen so oft in die Rhabarberbarbarabar, um von Rhabarberbarbaras Rhabarberkuchen zu essen, dass man sie kurz die Rhabarberbarbarabarbarbaren nannte. Die Rhabarberbarbarabarbarbaren hatten wunderschöne dichte Bärte. Wenn die Rhabarberbarbarabarbarbaren ihren Rhabarberbarbarabarbarbarenbart pflegten, gingen sie zum Barbier. Der einzige Barbier, der einen Rhabarberbarbarabarbarbarenbart bearbeiten konnte, wollte das natürlich betonen und nannte sich Rhabarberbarbarabarbarbarenbartbarbier. Nach dem Stutzen des Rhabarberbarbarabarbarbarenbarts geht der Rhabarberbarbarabarbarbarenbartbarbier meist mit den Rhabarberbarbarabarbarbaren in die Rhabarberbarbarabar, um mit den Rhabarberbarbarabarbarbaren von Rhabarberbarbaras herrlichem Rhabarberkuchen zu essen.

Varianten:

Versuche es ergänzend mit den folgenden Zungenbrechern:

* Blaukraut bleibt Blaukraut und Brautkleid bleibt Brautkleid.

* Der Potsdamer Postkutscher putzt den Potsdamer Postkutschkasten.

* Zwischen zwei Zwetschgenzweigen sitzen zwei zwitschernde Schwalben.

* Die Kellnerin hat's B'steck z'spät b'stellt.

Luftbuchstaben

Körper unter Kontrolle

Schreibe mit der Hand, mit der du normalerweise schreibst, den Buchstaben A groß in die Luft. Zeichne gleichzeitig mit deinem linken Fuß denselben Buchstaben auf den Fußboden. Schreibe auf diese Art und Weise deinen Namen in die Luft!

Varianten:

✳ Lernen mit Luftbuchstaben: Schreibe ein Vokabel, das du dir gerade merken möchtest, mit Luftbuchstaben.

✳ Ausdauertraining: Schreibe das gesamte Alphabet in die Luft!

✳ Versuch dich auch an Ziffern! Beginne bei Null und schreibe so viele Zahlen wie möglich. Wie weit kommst du?

*Du kannst noch so oft an der Olive zupfen,
sie wird deshalb nicht früher reif.
(toskanisches Sprichwort)*

Entspannung

Im Trainingsprogramm „Entspannung" hilfen dir deine Lerntipps dabei, mit Angst und Stress umzugehen.

Viele SchülerInnen berichten, dass störende Gedanken sie vom Lernen abhalten. Darum erfährst du am Beginn dieses Kapitels, wie du in Gegenangriff gehen kannst: Indem du deine Sorgen und Bedenken gezielt abbaust, hältst du deinen Kopf frei für neue Lerninhalte.

In diesem Trainingsprogramm lernst du außerdem Techniken kennen, die dir beim Entspannen helfen. Nütze sie, wenn du unter Druck stehst, um dich erfolgreich durchzuboxen.

Lerntipps Entspannung

* Luftballon
* Gedankenstopp
* Alles ist relativ!
* 60 Sekunden für dich
* Auszeit
* Unsinnsformel
* Verwurzeln
* Siegesfaust
* Schwimmreifen

Luftballon

Störende Gedanken auf die Seite schieben

Es gibt Probleme, die lassen sich nicht sofort lösen. Während du lernst, willst du nicht ständig an deine Sorgen denken. Trotzdem tauchen manche Gedanken immer und immer wieder auf. Die folgende Übung kann dir dabei helfen, diese störenden Gedanken eine Zeit lang auf die Seite zu schieben.

Stell dir vor, wie du die Sorgen aus dir hinausbläst, in einen Luftballon hinein. Atme tief durch die Nase ein und durch den Mund aus, bis der Luftballon groß und voll ist. Alle störenden Gedanken werden auf diese Art und Weise aus dir hinaus- und in den Ballon hineingeblasen.

Binde den Luftballon in Gedanken an einen Faden und hänge ihn in eine Ecke. Nimm dir vor, dich später den Problemen zu widmen. Über manche Fragen willst du vielleicht später nochmal in Ruhe nachdenken – aber nicht jetzt. Jetzt kannst du die störenden Gedanken in der Ecke hängenlassen und konzentriert weiterarbeiten.

29 Gedankenstopp
So besiegst du deine innere Stimme

„Denke nicht an einen weißen Bären!"

Es ist ganz schön schwierig, einen bestimmten Gedanken zu unterdrücken. Die einzige Strategie, die hilft, ist, stattdessen an etwas anderes zu denken. Wenn dich lästige Gedanken quälen, zeige ihnen ein Stoppschild! Sobald du dich dabei ertappst, die Gedanken erneut zu denken, stoppe dich, indem du dir das Halt-Zeichen in Erinnerung rufst.

Zeichne hier das Stopp-Schild für deine Gedanken so detailreich wie möglich:

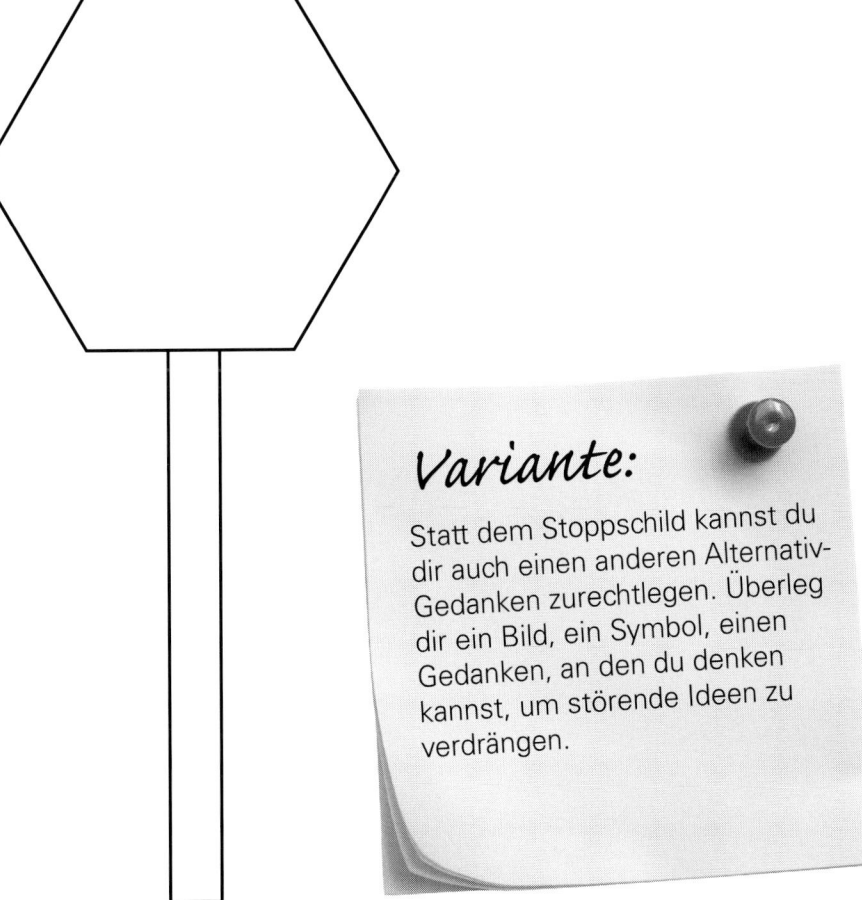

Variante:

Statt dem Stoppschild kannst du dir auch einen anderen Alternativ-Gedanken zurechtlegen. Überleg dir ein Bild, ein Symbol, einen Gedanken, an den du denken kannst, um störende Ideen zu verdrängen.

Alles ist relativ!
Entspannen im Kopf

Stress wegen der nächsten großen Prüfung? Kein Wunder, wenn man das Gefühl hat, dass so viel von einer einzigen Prüfung abhängt. Versuch es zur Entspannung einmal mit dem folgenden Experiment:

Setz dich entspannt hin und denk an die nächste Stunde. Was wird in der nächsten Stunde alles passieren? Was ist dir momentan wichtig? Wie bedeutend ist die nächste Prüfung für dich?

Denke jetzt einen Schritt weiter. Wie wirst du dich am Ende der Woche fühlen? Was wird am Ende der Woche wichtig für dich sein?

Erweitere deine Gedanken und versuche dir vorzustellen, was in einem Monat sein wird. Wie wichtig ist die Prüfung dann im Rückblick? Welche Punkte werden in einem Monat bedeutungsvoll für dich sein?

Was machst du in einem Jahr? Wie wirst du dich in einem Jahr fühlen? Welche Fragen und Probleme könnten dich in einem Jahr beschäftigen?

Wo bist du in zehn Jahren? Versetze dich in die Zukunft und überlege dir, was in zehn Jahren wichtig sein könnte für dich.

Denke nun schrittweise an verschiedene Momente in der Zukunft, bis zu dem Tag, an dem du 80 wirst. Wie wirst du mit 80 über den heutigen Tag denken?

31 60 Sekunden für dich

Halte die Zeit fest[2]

Besorge dir eine Uhr mit Sekundenzeiger. Setz dich entspannt hin und betrachte das Ziffernblatt.

Konzentriere deine Aufmerksamkeit eine ganze Minute lang nur auf den Sekundenzeiger. Wenn du merkst, dass deine Gedanken abschweifen, brich die Übung ab. Atme einmal gut durch, setze dich wieder bequem hin und richte dein Konzentration erneut auf die Bewegung des Sekundenzeigers. Setze die Übung fort, bis 60 Sekunden lang keine Gedanken mehr auftauchen und du frei und entspannt bist.

Auszeit
Urlaub im Kopf

Wann warst du zum letzten Mal so richtig entspannt? Im letzten Urlaub? Am letzten Feiertag? Am Meer? Auf einem Berg? Denk zurück an einen konkreten Moment, an dem du dich entspannt gefühlt hast, und rufe dir so viele Details wie möglich in Erinnerung. Versetze dich in Gedanken in die Umgebung von damals und versuche dich zu erinnern, was du um dich herum gesehen und gehört hast. Kannst du dich noch an bestimmte Gerüche erinnern? Was hast du in dem Moment gespürt?

Merkst du, wie dein Gesicht sich entspannt? Versuche alle Muskeln in deinem Gesicht zu lockern und genieße diesen Moment der Entspannung.

Spüre, wie sich dein ganzer Körper entspannt und deine Muskeln wieder locker werden.

Achte einen Moment auf deinen Körper und entspanne deine Muskeln. Atme langsam und tief durch die Nase ein und den Mund wieder aus. Merkst du, wie dein Herz langsamer und ruhiger schlägt?

Lass dieses entspannte Gefühl auf dich wirken und ruf dir dieselbe Szene wieder in Erinnerung, wenn du dich gestresst fühlst.

Lernen im Team  :

Schildert euch gegenseitig euren Entspannungsmoment. Einer von euch schließt die Augen, während die andere Person ihm beschreibt, wo er sich befindet. Schildert die Umgebung so detailgenau wie möglich. Ladet euch so gegenseitig in eure Entspannungsmomente ein.

Unsinnsformel

Kurzmeditation[3]

Du kennst diese Übung vielleicht als Meditationstechnik buddhistischer Mönche: sie sitzen oder knien im Kreis und summen dabei „ommmm – ommmm – ommm ... "

Unsinn hilft beim Abschalten.

Beende, womit du gerade beschäftigt bist. Schließe das Buch oder schalte den Computer aus.

Erfinde ein sinnloses zwei- oder dreisilbiges Wort mit möglichst vielen Selbstlauten, wie z. B.: eira, öbu, auzio ...

Dieses Wort muss wirklich unsinnig sein! Sobald du irgendeine Assoziation zu dem Wort hast, kannst du es nicht verwenden.

Sage dir das Wort nun immer wieder vor: „eira – eira – eira ..."

Konzentriere dich dabei wirklich auf deine Unsinnsformel. Lass nicht zu, dass Gedanken auftauchen, sondern lenke deine ganze Aufmerksamkeit auf die zwei Silben.

34 Verwurzeln

Mit beiden Beinen fest am Boden stehen

Setze dich an deinen Lerntisch.

Achte darauf, dass du auf der ganzen Sitzfläche (nicht nur auf der Kante) ruhst und deine Oberschenkel aufliegen.

Setze dich aufrecht hin, halte den Kopf in der Mitte. Du kannst dir vorstellen, wie dich ein Faden am Hinterkopf in die Höhe zieht.

Lege deine Arme auf die Oberschenkel.

Setze deine Fußsohlen flach auf den Boden.

Bleib so entspannt kurz sitzen und atme tief durch die Nase ein und durch den Mund wieder aus.

Richte deine Aufmerksamkeit jetzt auf die Fußsohlen. Sie verbinden dich mit dem Boden.

Sende Wurzeln aus in die Festigkeit und Beständigkeit des Erdbodens. Stell dir vor, wie sie sich tief im Boden verankern und dir festen und sicheren Halt geben.

Durch sie fließt nun Kraft in deinen Körper. Die Wärme und Ruhe strömt durch deine Beine, gleitet in den ganzen Körper. Du spürst, wie dich Ausgeglichenheit ausfüllt und dein Herzschlag langsam und regelmäßig wird. Dein Atem geht ruhig und tief. Die Ruhe breitet sich auf deine Schultern aus. Die Kraft, die von dem Boden ausgeht, erreicht schließlich deinen Kopf. Du kannst klar denken und bist offen und frei für neues Wissen.

Siegesfaust
Anspannen und entspannen[4]

Balle deine rechte Hand zu einer Faust. Drücke die Finger fest aneinander. Setze deine ganze Kraft ein und spanne deine rechte Hand zu einer festen Siegesfaust. Zähle in Gedanken bis zehn und atme ruhig weiter, währen du die Spannung hältst.

Atme danach aus und entspanne deine Finger wieder. Strecke alle fünf Finger sanft aus und halte deine Hand ruhig. Genieße dieses entspannte Gefühl.

Wiederhole diese Übung nun mit der linken Hand.

Schwimmreifen

Atme dich frei

Stell dich an ein geöffnetes Fenster.

Stell dir vor, du hättest einen bunten Schwimmreifen um den Bauch.

Atme nun langsam ein und aus. Versuche möglichst tief einzuatmen, spüre, wie sich dein Bauch dabei hebt und runder wird.

Dein Bauch drückt gegen den Schwimmreifen. Versuche den Schwimmreifen auszudehnen.

Atme so ein paarmal tief ein und aus.

Wende diese Bauchatmung rechtzeitig an, wenn du merkst, dass du unruhig wirst.

*Das grenzenloseste aller Abenteuer der Kindheit,
das war das Leseabenteuer.
(Astrid Lindgren)*

Lesetechniken

Willkommen bei den Lerntipps „Lesetechniken". Du wirst deine Lesege-schwindigkeit vervielfältigen und in Zukunft mehr von dem Gelesenen im Gedächtnis behalten.

Lesen ist nicht gleich lesen.

Du liest einen Roman anders als einen Fachtext für die Schule und wieder anders liest du einen selbst geschriebenen Text, in dem du die letzten Fehler suchst.

In diesem Kapitel übst du verschiedene Lesetechniken. Alle eignen sich für unterschiedliche Situationen. Bevor du einen Text zu lesen beginnst, denk dar-über nach, mit welchem Ziel du ihn liest und wie du ihn daher lesen solltest.

Die Übungen helfen dir dabei, verschiedene Lesearten zu trainieren.

Lerntipps Lesetechniken

- ✳ Buch-Test
- ✳ Schneller lesen
- ✳ Querlesen 1
- ✳ Querlesen 2
- ✳ Aufmerksam lesen
- ✳ Kritisch lesen
- ✳ Interview mit einem Buch
- ✳ Unterstreichen will gelernt sein
- ✳ Lese-Quiz

Buch-Test

Ist dieses Buch geeignet?

So findest du heraus, ob ein Buch für die Vorbereitung eines Referats oder einer Arbeit geeignet ist.

Nimm das Buch zur Hand und beurteile folgende Punkte nach dem Schulnotensystem:

	worauf achten?	Bewertung
Titel	Trifft der Titel das Thema meiner Arbeit?	
Inhaltsverzeichnis	Überfliege die Überschriften der Kapitel. Passen sie zu deiner Arbeit?	
Stichwortverzeichnis	Hat das Buch ein Stichwortverzeichnis? Wähle einen Fachbegriff zum Thema, den du bereits kennst, und schlage ihn nach. Kannst du den Begriff finden und herausfinden, auf welchen Seiten er erwähnt wird?	
Probelesen	Nimm die soeben gefundene Seitenzahl oder schlage das Buch auf einer beliebigen Seite auf. Lies einen Absatz. Ist er für dich gut verständlich?	
Glossar	Glossare findest du meistens am Ende eines Buches. Hier werden Fachausdrücke erklärt. Hat das Buch ein Glossar? Lies die Erklärung eines Fachausdruckes, den du bereits kennst. Ist sie verständlich geschrieben?	

Zähle jetzt die Noten zusammen und dividiere durch fünf. Wenn du die Wahl zwischen mehreren Büchern hast, wähle die, die am besten abschneiden. Ein Buch, das eine schlechte Note bekommen hat, wird sich für deine Arbeit nicht gut eignen. Indem du dir kurz Zeit nimmst, um das Buch vor dem Lesen zu beurteilen, ersparst du dir das Lesen unnötiger Texte.

38 Schneller lesen
Erhöhe deine Blickspanne

Ein Kind, das gerade erst Lesen lernt, liest langsamer als eine geübte Leserin. Aber auch unter erwachsenen Lesern variiert die Lesegeschwindigkeit. Selbst jetzt kannst du dich noch im Lesen verbessern und deine Lesegeschwindigkeit erhöhen. Der erste Schritt dazu ist, die Blickspanne zu trainieren.

Ein kleines Kind, das eines seiner ersten Worte liest, entschlüsselt es Buchstabe für Buchstabe. Du hingegen erkennst das Wort auf einen Blick. Draum knnast ud acuh dseein Staz leesn, ohowbl dei Bhcusaebtn vredhert snid. Wenn du deine Blickspanne trainierst, kannst du ganze Wortgruppen auf diese Art und Weise blitzschnell erkennen.

Lies die einzelnen Zeilen der Pyramide. Fixiere dazu die Mitte jeder Zeile mit den Augen und versuche die Worte auf einen Blick zu erkennen.

Lesen

Buchstaben

auf einen Blick

ganze Sätze erkennen

mehr Worte auf einmal lesen

du kannst deine Blickspanne trainieren

Wie viele Worte kannst du gleichzeitig erkennen?

Versuche eine möglichst große Blickspanne einzusetzen, während du den nächsten Text liest. Springe von Wortgruppe zu Wortgruppe anstatt von Wort zu Wort.

Querlesen 1
Die Suche nach der Nadel im Heuhaufen

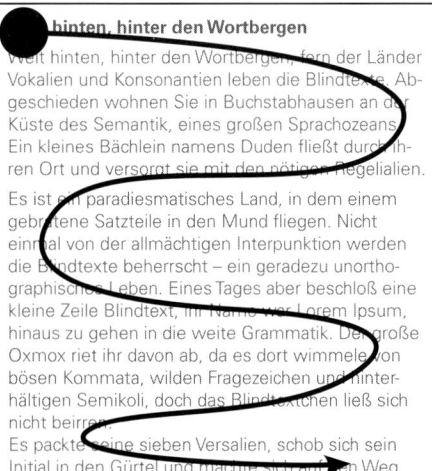

Weit hinten, hinter den Wortbergen

Weit hinten, hinter den Wortbergen, fern der Länder Vokalien und Konsonantien leben die Blindtexte. Abgeschieden wohnen Sie in Buchstabhausen an der Küste des Semantik, eines großen Sprachozeans. Ein kleines Bächlein namens Duden fließt durch ihren Ort und versorgt sie mit den nötigen Regelialien.

Es ist ein paradiesmatisches Land, in dem einem gebratene Satzteile in den Mund fliegen. Nicht einmal von der allmächtigen Interpunktion werden die Blindtexte beherrscht – ein geradezu unorthographisches Leben. Eines Tages aber beschloß eine kleine Zeile Blindtext, ihr Name war Lorem Ipsum, hinaus zu gehen in die weite Grammatik. Der große Oxmox riet ihr davon ab, da es dort wimmele von bösen Kommata, wilden Fragezeichen und hinterhältigen Semikoli, doch das Blindtextchen ließ sich nicht beirren.
Es packte seine sieben Versalien, schob sich sein Initial in den Gürtel und machte sich auf den Weg.

Querlesen ist eine Methode, die du einsetzen kannst, um einen Text gezielt zu überfliegen. So bekommst du einen ersten Überblick über die Inhalte und kannst entscheiden, ob du den ganzen Text lesen willst oder nicht. Auch kannst du durch Querlesen herausfinden, wo im Text sich eine gesuchte Information versteckt.

Scanne dazu den Text mit deinen Augen. Lass deine Augen in Schlangenlinien über die Seite gleiten und suche gezielt nach dem gefragten Begriff.

Im folgenden Text ist der Begriff „Magma" versteckt. Finde ihn so schnell wie möglich, indem du die Seite schlangenförmig absuchst. An welchen Stellen wird das Wort erwähnt und kannst du schnell herausfinden, was es bedeutet?

Vulkan[5]

Ein Vulkan ist eine geologische Struktur, die entsteht, wenn Magma (Gesteinsschmelze) bis an die Oberfläche eines Planeten (z. B. der Erde) aufsteigt. Alle Begleiterscheinungen, die mit dem Aufstieg und Austritt der glutflüssigen Gesteinsschmelze verbunden sind, bezeichnet man als Vulkanismus.

In einer Tiefe ab 100 km, in der Temperaturen zwischen 1000 und 1300 Grad Celsius herrschen, schmelzen Gesteine zu zähplastischem Magma, das sich in großen, tropfenförmigen Magmaherden in zwei bis 50 Kilometer Tiefe sammelt. Wenn der Druck zu groß wird, steigt das Magma über Spalten und Klüfte der Lithosphäre auf. Magma, das auf diese Weise an die Erdoberfläche gelangt, wird als Lava bezeichnet.

Bei einem Vulkanausbruch werden nicht nur glutflüssige, sondern auch feste oder gasförmige Stoffe freigesetzt (Vulkanismus). Die meisten Vulkane haben annähernd die Form eines Kegels, dessen Hangneigung von der Zähigkeit der Lava abhängt. Die Gestalt kann aber auch unregelmäßig sein oder eine kuppelförmige Aufwölbung bilden.

Querlesen 2
Fehlersuche

Du siehst hier zwei ähnliche Texte. In die rechte Spalte haben sich fünf kleine Änderungen eingeschlichen. Kannst du sie finden?

Der Löwe und der Bär[6]

Ein Fuchs war einmal auf Jagd gegangen, einen guten Bissen zu erbeuten. Er war noch nicht lange unterwegs, als er ein lautes Streiten vernahm.

Ein Bär schlug mit seinen Tatzen nach einem Löwen und fauchte ihn wütend an: „Ich war der Erste beim Hirschkalb. Die Beute gehört mir, ich habe sie gefangen."

„Nein!", brüllte der Löwe zornig zurück, „du lügst! Ich war als Erster hier, und darum gehört die Beute mir." Er wehrte sich kräftig und schnappte mit seinen scharfen Zähnen nach dem Fell des Bären.

Der Löwe und der Bär kämpften verbissen miteinander. Dem Fuchs erschien der Kampf endlos, denn nicht weit von ihm entfernt lag die Streitbeute, und er musste sich zusammenreißen, dass er sich nicht gleich auf das Hirschkalb stürzte. Aber er war klug und sagte sich: „Sind die Streitenden erst erschöpft, so können sie mir nichts mehr anhaben."

Als der Bär und der Löwe nach unerbittlichem Kampf endlich kraftlos zusammenbrachen, waren sie tatsächlich nicht mehr fähig, sich zu rühren. Der Fuchs schritt an ihnen vorbei und holte sich die Beute. Lachend zog er mit dem Hirschkalb ab.

Der Löwe und der Bär

Ein Fuchs war einmal auf Jagd gegangen, einen guten Bissen zu erjagen. Er war noch nicht lange unterwegs, als er ein lautes Streiten vernahm.

Ein Bär schlug mit seinen Tatzen nach einem Löwen und fauchte ihn erbost an: „Ich war der Erste beim Hirschkalb. Die Beute gehört mir, ich habe sie gefangen."

„Nein!", brüllte der Löwe zornig zurück, „du lügst! Ich war als Erster hier, und darum gehört die Beute mir." Er wehrte sich kräftig und schnappte mit seinen scharfen Krallen nach dem Fell des Bären.

Der Löwe und der Bär kämpften verbissen miteinander. Dem Fuchs erschien der Kampf endlos, denn nicht weit von ihm entfernt lag die Streitbeute, und er musste sich zusammenreißen, dass er sich nicht gleich auf das Hirschkalb stürzte. Aber er war klug und sagte sich: „Sind die Streitenden erst müde, so können sie mir nichts mehr anhaben."

Als der Bär und der Löwe nach unerbittlichem Kampf endlich kraftlos zusammenbrachen, waren sie tatsächlich nicht mehr fähig, sich zu rühren. Der Fuchs schritt an ihnen vorbei und holte sich die Beute. Fröhlich zog er mit dem Hirschkalb ab.

Manche Unterschiede sind gar nicht so einfach zu entdecken. So geht es dir auch, wenn du einen Text abschreibst und im Nachhinein versuchst, Fehler zu finden. Da muss man ganz genau aufpassen, um keine Unterschiede zu übersehen!

Aufmerksam lesen
Wichtige Informationen herauslesen

Auf dieser Seite findest du einen kurzen Text über das menschliche Gehirn aus dem Buch „clever lernen – KIDS". Überlege dir, bevor du den Text liest, mindestens drei Fragen über das Gehirn. Was würdest du gerne wissen?

1. ....   2. ....   3. ....

Lies jetzt den Text und suche die Antworten auf deine Fragen.

Das Gehirn[7]

Das Gehirn ist unser wichtigstes Organ. Kein anderer Teil unseres Körpers ist dermaßen kompliziert und raffiniert aufgebaut; kein anderes Organ benötigt vergleichbar viel Sauerstoff. Unsere kleinen grauen Zellen verbrauchen ein Fünftel des Sauerstoffverbrauchs des Körpers.

Unser Nervensystem besteht aus Nervenzellen, den so genannten Neuronen. Allein in unserem Gehirn finden sich 125 Milliarden Nervenzellen.

Feine Fortsätze der Neuronen leiten Eindrücke von unseren Sinnesorganen zum Gehirn und führen Befehle zu den Muskeln. Diese Verbindungen nennt man Nervenbahnen.

Die Kontaktstelle zwischen zwei Nervenzellen wird als Synapse bezeichnet. Unser Wissensnetz ist aus tausend Milliarden derartiger Synapsen geknüpft.

Das Gehirn steuert sämtliche Abläufe in unserem Körper, auch diejenigen, die uns nicht bewusst sind. Funktionen, die automatisch ausgeführt werden, nennt man vegetative Funktionen: Herzschlag, Atmung, Verdauung ... all diese lebenswichtigen Vorgänge werden in unserem Oberstübchen wie von selbst geregelt, ohne dass wir daran denken müssen. All diese Aufgaben erfordern natürlich höchste Organisation. Darum ist das Gehirn keine unförmige graue Masse, sondern strukturiert aufgebaut.

Unser Gehirn lässt sich mit einem großen Unternehmen vergleichen, in dem Chef, Manager, Arbeiter etc. unterschiedliche Funktionen erfüllen.

Die Abteilungen in der Firma Gehirn sind Hirnstamm, Zwischenhirn, limbisches System, Kleinhirn und Großhirn.

Wurden deine Fragen beantwortet? Such dir eine der Fragen aus und schreibe die Antwort in eigenen Worten auf:

....

Gehe genauso vor, wenn du einen Fachtext lesen musst. Überlege dir vorher, welche Fragen du beantwortet haben möchtest, und lies erst danach den Text. Versuche anschließend sofort, die Fragen in eigenen Worten zu beantworten. So gehst du auf Nummer sicher und nimmst die wichtigsten Informationen aus dem Text mit!

Lernen im Team 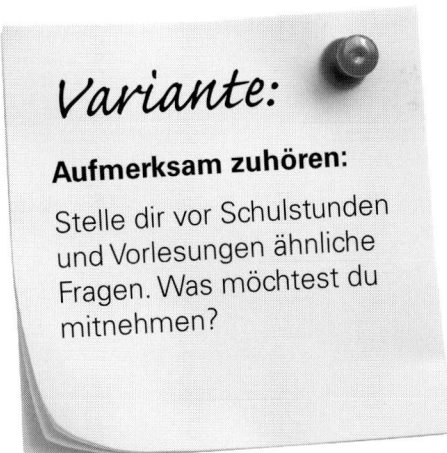 :

Vergleicht eure Fragen und Antworten. Haben euch dieselben Informationen interessiert oder habt ihr vielleicht ganz andere Schwerpunkte gesetzt?

Variante:

Aufmerksam zuhören:

Stelle dir vor Schulstunden und Vorlesungen ähnliche Fragen. Was möchtest du mitnehmen?

Kritisch lesen

Findest du die Fehler?

Lies die folgende Beschreibung aufmerksam durch. Es haben sich drei Fehler eingeschlichen. Kannst du sie finden?

Körperteile eines Hundes; bezeichnet mit Ziffern 1–14[8]

1. Stopp (Absatz zwischen Stirn und Nase)
2. Fang (Maul, Schnauze mit Lefzen)
3. Wamme (Kehle, Kehlhaut)
4. Ohr
5. Ellbogengelenk
6. Vorderfuß
7. Kruppe (höchster Punkt der Schulter)
8. Keule (Oberschenkel und Hüftgelenk)
9. Sprunggelenk
10. Hinterfuß
11. Widerrist (höchster Punkt des Hinterteils)
12. Kniegelenk
13. Läufe (Beine mit Pfoten)
14. Rute (Schwanz)

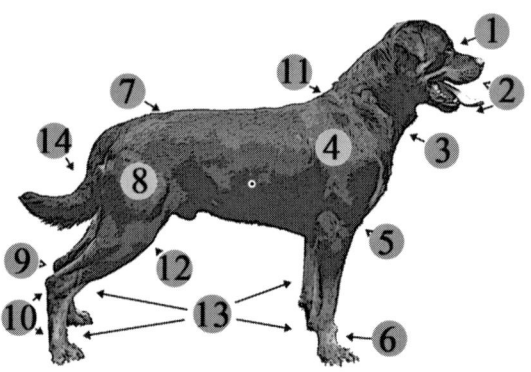

Gerade Abbildungen und Tabellen werden häufig „überlesen". Gewöhne dir an, sie ausführlich und kritisch zu betrachten! Informationen, die du über Bilder verstanden hast, merkst du dir besonders gut.

Interview mit einem Buch[9]

Im persönlichen Gespräch …

Wähle einen kurzen Text aus einem deiner Lernbücher. Stell dir vor, du arbeitest als JournalistIn und schreibst einen Artikel über den Fachtext. Dazu hast du die Chance, den Autor persönlich zu interviewen. Welche Fragen würdest du ihm stellen? Bereite dich auf den Leseprozess vor wie auf ein wichtiges Interview und überlege dir vorher, welche Fragen du auf keinen Fall vergessen möchtest. Du hast nur einen Interviewtermin und keine Chance, Fragen im Nachhinein zu stellen.

Überlege dir fachliche Fragen, aber auch Fragen an die Autorin selbst. Was interessiert dich persönlich? Finde deinen Zugang zum Text und überlege dir, welche Antworten du suchst.

Notiere dir deine Fragen und suche die Antworten anschließend, während du den Text einmal aufmerksam durchliest.

Lernen im Team  **:**

Wenn ihr zu zweit seid, könnt ihr das Interview nachspielen. Einer von euch spielt den Autor. Er darf den Text verwenden, um die Antworten des anderen Spielers zu beantworten.

Unterstreichen will gelernt sein

Was ist eigentlich wichtig?

Lies den folgenden Text:

Antrieb ▆ Segelschiffes[10]

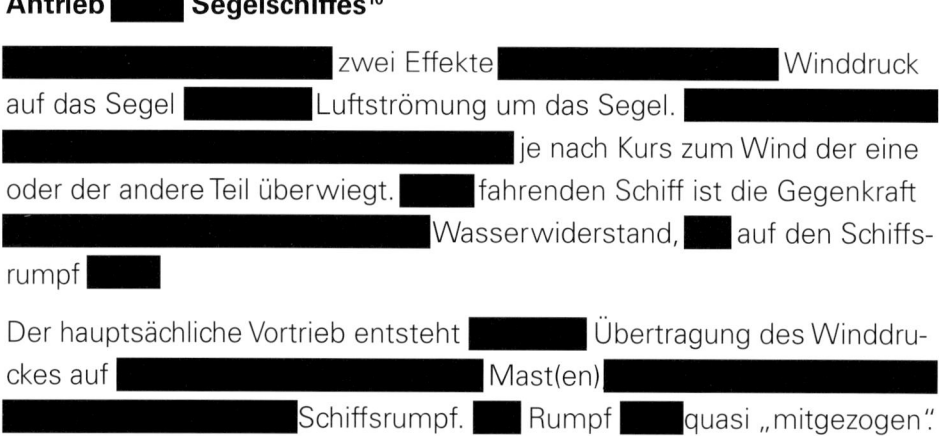

▆ zwei Effekte ▆ Winddruck auf das Segel ▆ Luftströmung um das Segel. ▆ ▆ je nach Kurs zum Wind der eine oder der andere Teil überwiegt. ▆ fahrenden Schiff ist die Gegenkraft ▆ Wasserwiderstand, ▆ auf den Schiffsrumpf ▆

Der hauptsächliche Vortrieb entsteht ▆ Übertragung des Winddruckes auf ▆ Mast(en) ▆ ▆ Schiffsrumpf. ▆ Rumpf ▆ quasi „mitgezogen".

Konntest du den Text verstehen, obwohl einige Worte fehlen? In der Grundschule lernen wir lesen, indem wir einen Text Wort für Wort entschlüsseln. Als geübter Leser musst du nicht jedes Wort lesen, um einen Text zu verstehen. Streiche im folgenden Text so viele Begriffe wie möglich durch. Welche Worte musst du bei einem zweiten Durchlesen nicht mehr beachten?

Kreuzen[11]

Kreuzen bedeutet beim Segeln, ein Ziel im „Zickzackkurs" anzulaufen, weil es in einer Richtung liegt, aus der der Wind weht.

Ziele im Wind können beim Segeln nicht direkt erreicht werden. Es sind Kreuzschläge erforderlich, bei denen mehrfach Wendemanöver gefahren werden. Nach jeder Wende wird möglichst hoch am Wind, abwechselnd auf Backbord-Bug und Steuerbord-Bug, gesegelt, um sich dem Ziel zu nähern.

Die Großsegler früherer Handelsmarinen hatten oft sehr schlechte Kreuzeigenschaften, man zog es deshalb unter Umständen vor, bessere Windverhältnisse abzuwarten.

Wenn du dich auf eine Prüfung vorbereitest, musst du manche Texte wahrscheinlich mehrmals lesen. Beim zweiten Lesedurchgang ist es allerdings nicht notwendig, jedes einzelne Wort nochmals zu lesen. Es genügt, die wichtigen Begriffe zu wiederholen. Wiederhole jetzt noch einmal die vorige Übung – unterstreiche diesmal diejenigen Begriffe, die deiner Meinung nach wichtig sind. Worte, die beim zweiten Lesen weggelassen werden können, werden diesmal nicht durchgestrichen, sondern einfach stehengelassen.

Steuerbord[12]

Steuerbord bezeichnet, vom Heck zum Bug (in Fahrtrichtung) betrachtet, die rechte Seite eines Wasser-, Luft- oder Raumfahrzeugs. Die linke Seite wird mit Backbord bezeichnet.

Der Ausdruck stammt aus der Frühzeit des Schiffbaus, da früher die Position des Steuermanns auf der rechten Seite eines Schiffes war[1]. So war beispielsweise bei einem Wikingerschiff das Ruder am Heck auf der rechten Seite des Schiffes angebracht.

Die Farbe des Steuerbord-Positionslichts von Wasser- und Luftfahrzeugen ist grün.

Unterstreiche auf diese Art und Weise wichtige Begriffe in Lerntexten!

Lernen im Team :

Tauscht zwischendurch eure Ergebnisse aus. Könnt ihr nach dem ersten Durchgang die Texte eurer Partner lesen, obwohl Wörter weggestrichen wurden? Wie sieht es am Ende aus? Versteht ihr den Text noch, wenn ihr nur die unterstrichenen Begriffe lest?

Lese-Quiz

Überlege dir knifflige Fragen

Nimm einen Fachtext zur Hand, den du gerade lernen musst. Erstelle ein Quiz zu dem Fachtext. Folgende Frageformen sind möglich:

Multiple-Choice-Fragen

Stelle eine Frage zu dem Text und schreibe die Antwort dazu auf. Neben der richtigen Antwort gibt es aber auch falsche Lösungsmöglichkeiten. Überlege dir dazu falsche Aussagen.

z. B.: Der größte Kontinent der Erde ist:

☐ Australien

☒ Asien

☐ Afrika

☐ Antarktika

Wahr/Falsch-Fragen

Schreibe Aussagen, die zu dem Text passen. Manche der Aussagen können auch falsch sein. Aufgabe im Quiz ist es, anzugeben, ob die Aussage wahr oder falsch ist.

z. B.: Die größten Meere der Erde nennt man Ozeane. (richtig)
　　　 Es gibt neun Kontinente auf der Erde. (falsch)

Offene Fragen

Offene Fragen sind am schwierigsten. Hier stellst du eine Frage, die in eigenen Worten beantwortet werden muss.

z. B.: Nenne die sieben Kontinente der Erde.

Lernen im Team  :

Tauscht anschließend eure Quizfragen aus und versucht, die Fragen zu beantworten. Am Ende wird erneut getauscht, und ihr könnt die Antworten überprüfen.

Alles Gescheite ist schon gedacht worden,
man muss nur versuchen,
es noch einmal zu denken.
(Johann Wolfgang von Goethe)

Lernstrategien

Du befindest dich bereits mitten in den Lerntipps „Lernstrategien". Lege sofort los!

Versuch dir die folgenden Silben der Reihe nach einzuprägen:

ser ist un hirn sehr ge in schlecht dar ge sich Din ken zu mer hen die ste wir ver nicht

Gar nicht so einfach?

Probiere es dann mit dem folgenden Satz:

Unser Gehirn ist sehr schlecht darin, sich Dinge zu merken, die wir nicht verstehen.

Die vorige Zeile konntest du dir deswegen nicht merken, weil die Silben keinen Sinn ergaben. Dieselben Silben, in einem sinnvollen Satz, merkst du dir viel leichter. Viele SchülerInnen machen den Fehler, dass sie beginnen, auswendig zu lernen, ohne dass sie Zusammenhänge entdeckt haben und ohne zu wissen, was die Informationen überhaupt bedeuten. Damit machen sie sich das Leben unnötig schwer. Nütze die folgenden Anregungen, um den Stoff zu verstehen.

Lerntipps Lernstrategien

* Mindmapping
* In eigenen Worten
* Sprechblasen
* Drehbuch
* Fragen stellen für den Überblick
* Fragen stellen für das Detailwissen
* Bedeutet das …?
* Grafik – Text – Grafik
* Zeitstreifen

Mindmapping[13]
Landkarte der Gedanken

Mindmappen ist eine Methode, mit der du Notizen optisch ansprechend gestalten kannst. So kannst du Zusammenhänge leichter erkennen und das Thema auf einen Blick erfassen.

Ergänze diese Mindmap zum Thema lernen:

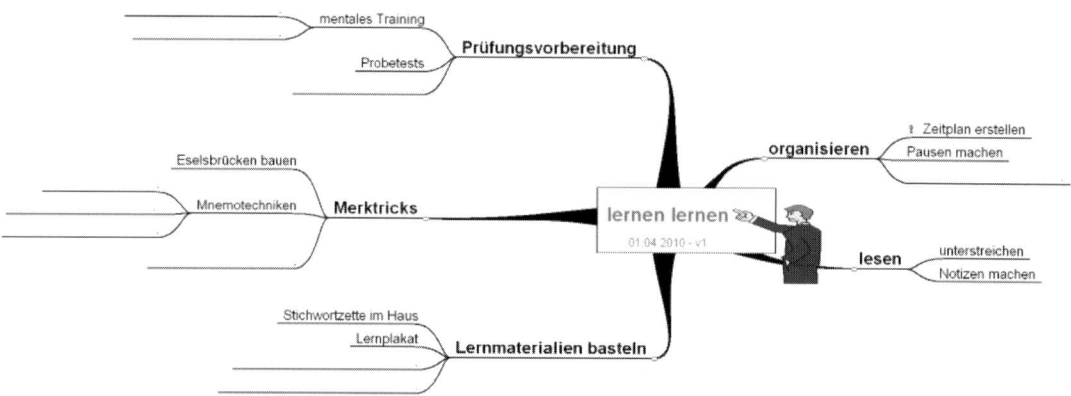

Natürlich darfst du auch neue Äste dazuzeichnen. Sammle deine Ideen, wie du in Zukunft besser lernen kannst.

Variante:

Zeichne eine Mindmap zu deinem Lernthema! Zeichne ein Symbol zum Thema in die Mitte und füge für jedes Kapitel einen Ast hinzu. Du kannst deine Mindmap mit Symbolen und kleinen Bilder noch ansprechender gestalten. Fertige so eine Übersicht über deinen Lernstoff an.

In eigenen Worten

Wie würdest du das sagen?

Hier findest du Definitionen von Fachausdrücken. Lies dir die Definition durch und formuliere sie anschließend in eigenen Worten neu. Wie würdest du die genannte Sache beschreiben?

Parodie: die verzerrende, übertreibende oder verspottende Nachahmung eines bekannten Werkes oder einer prominenten Person.[14]

Parodie:

....

....

....

Bruttoinlandsprodukt (Abkürzung: **BIP**): gibt den Gesamtwert aller Güter (Waren und Dienstleistungen) an, die innerhalb eines Jahres innerhalb der Landesgrenzen einer Volkswirtschaft hergestellt wurden und dem Endverbrauch dienen.[15]

BIP:

....

....

....

Photosynthese: die Erzeugung von energiereichen Stoffen aus energieärmeren Stoffen mit Hilfe von Lichtenergie. Sie wird von Pflanzen sowie verschiedenen Algen- und Bakteriengruppen betrieben.[16]

Photosynthese:

....

....

....

Sprechblasen
Halte deine Gedanken fest

Schreibe deine Gedanken auf, während du liest. Fülle alle Sprechblasen auf dieser Seite. Notiere Ideen, die dir kommen, genauso wie Fragen, die du dir beim Lesen stellst.

Globale Erwärmung[17]

Als globale Erwärmung bezeichnet man den während der vergangenen Jahrzehnte beobachteten allmählichen Anstieg der Durchschnittstemperatur der erdnahen Atmosphäre und der Meere sowie die künftig erwartete steigende Erwärmung. Zwischen 1906 und 2005 hat sich die durchschnittliche Lufttemperatur in Bodennähe um 0,74 °C erhöht. Das Jahrzehnt von 2000 bis 2009 war mit Abstand das wärmste je gemessene, gefolgt von den 1990er Jahren, die wiederum wärmer waren als die 1980er Jahre.

Die hauptsächliche Ursache der steigenden Temperatur liegt nach dem gegenwärtigen wissenschaftlichen Verständnis „sehr wahrscheinlich" in der Verstärkung des natürlichen Treibhauseffektes durch menschliches Einwirken. Der menschengemachte Treibhauseffekt entsteht durch das Verbrennen fossiler Brennstoffe und durch eine Reihe weiterer Prozesse, darunter die weltumfassende Entwaldung sowie Land- und Viehwirtschaft. Dadurch wird das Treibhausgas Kohlendioxid (CO_2) ebenso wie weitere, weniger bedeutende Gase wie Methan und Lachgas in der Atmosphäre angereichert. Diese verändern den Strahlungsantrieb der Atmosphäre und sorgen so dafür, dass weniger Wärmestrahlung von der Erdoberfläche in das Weltall abgestrahlt werden kann.

Variante:

Verwende ähnliche Sprech- oder Gedankenblasen, um zu beschriften, was verschiedene Elemente einer Formel bedeuten.

Drehbuch

Drehe einen Kurzfilm über deinen Lernstoff

Wie würdest du die folgende Gleichung lösen?

60 – (27 + 3) * 2 =

Schreibe ein Drehbuch für die Lösung und trage die Rechenschritte in den Filmstreifen ein:

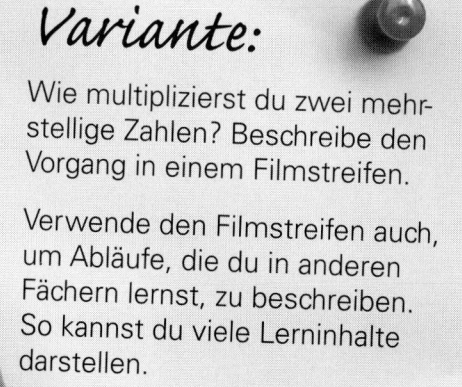

Variante:

Wie multiplizierst du zwei mehr-stellige Zahlen? Beschreibe den Vorgang in einem Filmstreifen.

Verwende den Filmstreifen auch, um Abläufe, die du in anderen Fächern lernst, zu beschreiben. So kannst du viele Lerninhalte darstellen.

Fragen stellen ...

... für den Überblick

Wähle ein Thema deines aktuellen Lernstoffs:

....

Sammle nun so viele Fragen wie möglich zu deinem Lernthema.

Rundumfrage

Stelle eine allgemeine Frage, um einen Überblick über das Thema zu bekommen. Beispiel: Wäre das Thema „das menschliche Gehirn", könnte eine Rundumfrage lauten: „Was ist das Gehirn?" oder auch: „Wofür benötigen wir das Gehirn?"

Deine Rundumfrage:

....

Abgrenzungsfrage

Grenze dein Thema ein und finde Unterschiede zu ähnlichen Bereichen heraus. Beispielsweise: „Was ist der Unterschied zwischen dem menschlichen Gehirn und dem von Tieren?"

Deine Abgrenzungsfrage:

....

Beispielfrage

Manchmal ist es besser, statt eine Definition zu erfragen, nach Beispielen oder konkreten Situationen zu suchen, in denen ein Fachausdruck Verwendung findet. „Wofür ist das Gehirn zuständig? Nenne drei Beispiele."

Meine Beispielfrage:

....

Beantworte deine Fragen in eigenen Worten!

51 Fragen stellen ...

... für das Detailwissen

Wenn dir keine Fragen mehr einfallen, gehe der Reihe nach alle Fragewörter durch, die du kennst.

Konkrete Fakten

Finde für jedes Fragewort eine geeignete Frage:

Wer ....

Was ....

Wo ....

Wann ....

Zusammenhänge und Vorgänge

Die folgenden Fragewörter helfen dir, Zusammenhänge zu erkennen. Finde geeignete Fragen für einige der folgenden Fragewörter:

Wie ....

Warum ....

Wozu ....

Womit ....

Woher ....

Wohin ....

Wodurch ....

Wogegen ....

Beantworte jetzt deine selbstgefundenen Fragen mithilfe deiner Lernunterlagen!

Lernen im Team :

Nützt auch die Chance, euch gegenseitig Fragen zu stellen, und tauscht eure Fragenlisten aus!

Bedeutet das… ?

Gehe auf Nummer sicher

Übe dich darin, neu gelerntes Wissen in eigenen Worten wiederzugeben. Das geht ganz einfach! Stelle dir oder der Lehrkraft zwischendurch Fragen, in denen du die neuen Informationen wiederholst.

Lies den folgenden Text:

Teilchenbeschleuniger[18]

Ein Teilchenbeschleuniger ist ein Gerät, in dem geladene Teilchen (z. B. Elementarteilchen, Atomkerne oder ionisierte Atome, Moleküle) durch elektrische Felder auf große Geschwindigkeiten beschleunigt werden.

Je nach Teilchenart und Beschleunigertyp kann annähernd Lichtgeschwindigkeit erreicht werden, und die Teilchen erlangen eine Bewegungsenergie (kinetische Energie), die einem Vielfachen ihrer eigenen Ruheenergie entspricht.

Die größten Beschleunigeranlagen werden in der Grundlagenforschung (Hochenergiephysik) eingesetzt, um mit den darin beschleunigten, hoch energetischen Teilchen die fundamentalen Wechselwirkungen von Materie zu untersuchen und allerkleinste Strukturen aufzulösen. Neben ihrer Bedeutung für die Grundlagenforschung haben Teilchenbeschleuniger auch eine immer wichtigere Bedeutung in der Medizin und für viele industrielle Zwecke.

Wiederhole die Informationen jetzt in drei Fragen:

Bedeutet das ....

.... ?

Habe ich richtig verstanden, dass ....

.... ?

Könnte man auch sagen ....

.... ?

Lernen im Team  :

Erklärt euch gegenseitig verschiedene Inhalte der nächsten Prüfung. Hört gut zu und stellt anschließend Verständnisfragen, in denen ihr das Gehörte in eigenen Worten zusammenfasst.

Grafik – Text – Grafik
Abbildungen richtig deuten

Du siehst hier eine Grafik. Versuche sie in wenigen Sätzen zu beschreiben.

Verteilung der Geburtstage der Spieler der U15, U16, U17 und U18 Mannschaften verschiedener europäischer Länder:

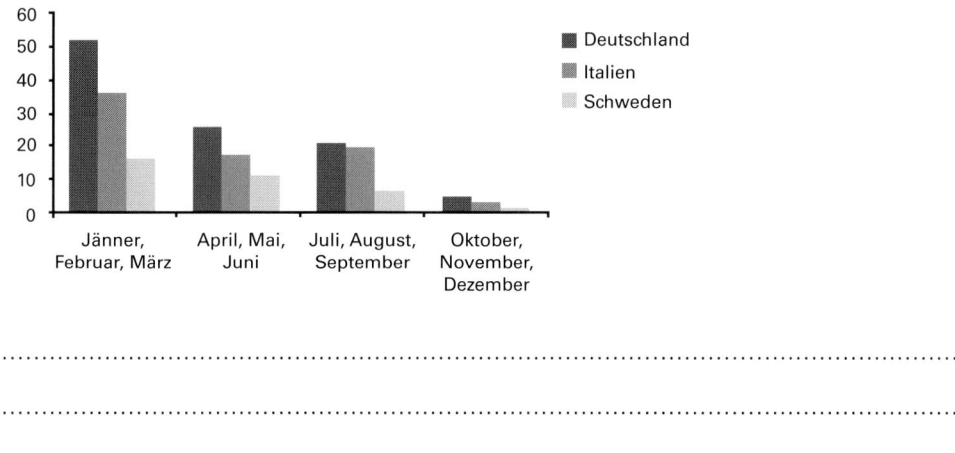

....

....

....

Schlage diese Seite nach einer Woche wieder auf. Verdecke die Grafik und versuche mithilfe deiner Beschreibung die Abbildung nachzuzeichnen:

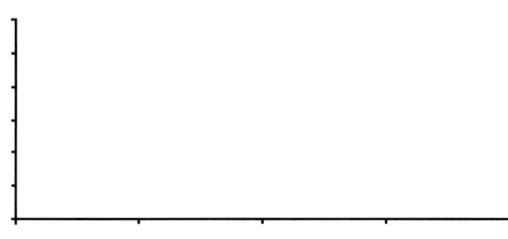

Lernen im Team 👤👤:

Arbeite mit einer Kollegin oder einem Kollegen zusammen. Beschreibt zwei verschiedene Graphen auf dieselbe Art und Weise und tauscht anschließend die Beschreibungen aus. Kannst du die Grafik deines Partners mithilfe der Beschreibung nachzeichnen?

Zeitstreifen

Ordne dein Geschichtswissen

Ruf dir dein Geschichtswissen in Erinnerung! Welche Jahreszahlen und Perioden sind dir in Erinnerung? Trage sie in diesen Zeitstreifen ein:

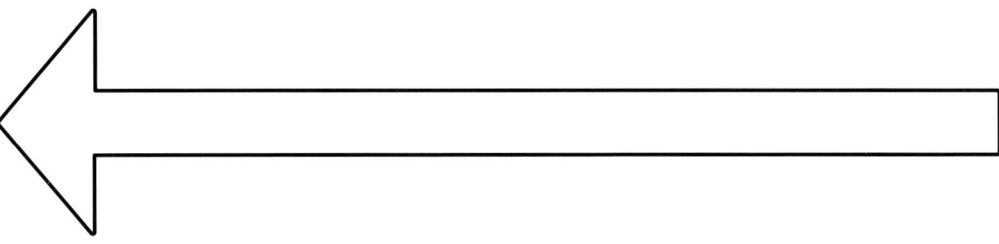

Vergleiche dein Ergebnis mit Geschichtsbüchern.

Variante:

Zeichne, wenn du dir Geschichtsdaten merken sollst, immer ähnliche Zeitstreifen, und bringe die Daten mit Jahreszahlen in Verbindung, die du bereits im Kopf hast. Du könntest auf einem großen Bogen Papier einen Zeitstreifen zeichnen und diesen im Zimmer aufhängen. Ergänze ihn regelmäßig mit neuen Daten..

Man kann einen Menschen nichts lehren,
man kann ihm nur helfen,
es in sich selbst zu entdecken.
(Galileo Galilei)

Lernmaterialien

Wer hat schon Lust, den ganzen Nachmittag am Schreibtisch zu sitzen? Im Lerntippsprogramm „Lernmaterialien" findest du ein paar Anregungen, wie du spielerisch und kreativ lernen kannst. Bringe Abwechslung in deinen Lernalltag und erstelle Lernmaterialien, mit denen du zwischendurch und unterwegs arbeiten kannst. Um optimal zu wiederholen, reicht es, wenn du dich kurz mit diesen Unterlagen beschäftigst – trainiere dafür so häufig wie möglich! Ruf dir so regelmäßig die Wissensinhalte in Erinnerung, bis du in dem Gebiet sattelfest bist.

Lerntipps Lernmaterialien

* Stichwortzettel im Haus
* Lernplakat
* Listen schreiben
* Schummelzettel
* Auf ins Tonstudio!
* Lern-Dart
* Karteikarten
* Lernbüchlein
* Memory

Stichwortzettel im Haus

Lernen nebenbei

Gute Leser lesen Begriffe, die sie sehen, ganz automatisch. Diesen Effekt nennen Psychologen die „automatische Worterkennung". Genauso funktionieren Werbungen: Wenn du an Werbeplakaten vorbeigehst, kannst du gar nicht anders, als die Slogans zu lesen. Nütze diesen Effekt für deinen Lernerfolg und verteile entsprechende Werbebotschaften in deinem Haus oder deiner Wohnung!

Nimm einen Haftnotizblock oder kleine Notizzettel zur Hand und notiere einzelne Fakten, die du dir einprägen möchtest: wichtige Namen, Vokabeln, Formeln, Jahreszahlen … Pro Zettel sollte nur eine neue Information stehen!

Verteile die Zettel anschließend im Haus und klebe sie an Stellen, wo du sie häufig sehen wirst: etwa an die WC-Tür, auf den Kühlschrank und den Badezimmer-Spiegel.

Lernplakat
Werbefläche für den Lernstoff

Designe hier ein Plakat zu einem aktuellen Lernthema. Nütze die Fläche um einzuteilen, wo welche Abbildungen oder Tabellen platziert werden.

Nimm jetzt ein großes Blatt Papier zur Hand und setze deinen Plan um. Du kannst gerne Bücher oder Mitschriften zur Hand nehmen. Verewige alle Informationen, die du dir merken möchtest, auf dem Plakat.

Hänge dein Lernplakat spätestens eine Woche vor der Prüfung oder dem Test in deinem Zimmer auf. Dein Lernplakat erinnert dich zwischendurch an deinen Lernstoff und du kannst nebenbei wiederholen.

Listen schreiben
Zusammenfassen leicht gemacht

Du siehst hier einen kurzen Text zum Thema Jahresabschluss.

Jahresabschluss[19]

Der Jahresabschluss ist der rechnerische Abschluss eines kaufmännischen Geschäftsjahres. Er stellt die finanzielle Lage und den Erfolg eines Unternehmens fest.

Bei Unternehmen, die der Pflicht zur Buchführung unterliegen, sind die Hauptbestandteile des Jahresabschlusses die Bilanz und die Gewinn-und-Verlust-Rechnung, gegebenenfalls ergänzt um den Anhang und den Lagebericht.

Fasse den Absatz zusammen, indem du eine Liste erstellst. Ergänze die fehlenden Punkte:

Jahresabschluss Hauptbestandteile

1.

2.

3.

4.

5.

Statt eines Absatzes müsstest du dir nun nur noch fünf Elemente einprägen.

Variante:

Schreibe ähnliche Listen für Teile deines Lernstoffes!

Verwende zwischen drei und neun Punkten pro Liste. Deine Listen sollten nie mehr als zehn Elemente beinhalten. Erfinde notfalls neue Listenthemen und teile die Liste auf.

Schummelzettel
Lernstoff kompakt

Schreib einen Schummelzettel für deine nächste Prüfung! Nimm dein Buch zur Hand und schreibe die wichtigsten Informationen auf:

Jetzt wird dein Schummelzettel halbiert. Du hast nur die Hälfte der Fläche zur Verfügung. Versuche den Zettel auf die wichtigsten Informationen zu reduzieren:

Fertig? Dann halbiere deinen Schummler noch einmal:

Verdecke die Seite mit deiner Hand. Weißt du noch, was auf dem letzten Schummelzettel steht? Du hast den Schummelzettel in deinem Kopf notiert.

Auf ins Tonstudio!
Lernen mit Kopfhörern im Ohr

Organisiere dir einen Laptop mit Mikrofon und nimm eine Datei mit deinem Lernstoff auf. Am besten eignen sich kurze Texte oder eigene Zusammenfassungen. Lies den Text deutlich vor und baue zwischendurch Pausen ein.

Deine Eigenproduktionen kannst du dir nun jederzeit zwischendurch anhören: am Schulweg, beim Sport, Aufräumen oder Puzzle spielen. Nütze die Pausen, um das Gehörte in Gedanken zu wiederholen, und versuche mit der Zeit mitzusprechen. Diese Lernmethode eignet sich besonders gut für mündliche Prüfungen – denn du übst, den Stoff mündlich wiederzugeben.

Variante:

Gerade fürs Sprachenlernen ist es besonders wertvoll, wenn du dir so viele Texte wie möglich anhörst. Nütze dazu neben Sprach-CDs auch Musik oder Hörspiele in fremden Sprachen.

Lern-Dart
Treffsicher wiederholen

Organisiere dir eine Fragensammlung über deinen Prüfungsstoff oder formuliere selber mögliche Prüfungsfragen. Nummeriere die Fragen und schreibe die entsprechenden Nummern in diese Zielscheibe. Die einfachsten Fragen bekommen einen Platz nahe der Mitte. Die schwersten werden ganz außen aufgeschrieben.

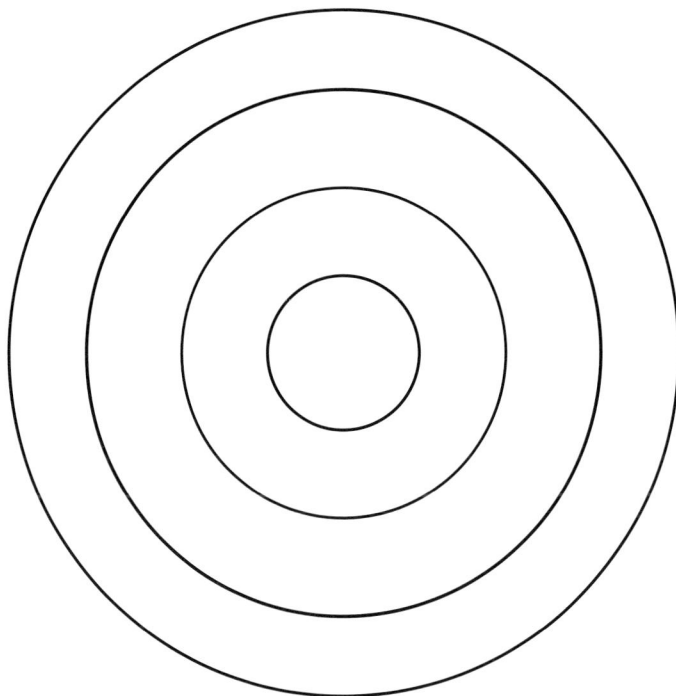

Nimm jetzt einen Filzstift in die Hand und stehe auf. Lass den Stift von oben auf die Zielscheibe fallen und versuche dabei die Mitte zu treffen. Welche Frage ist dem geworfenen Punkt am nächsten? Versuche sie zu beantworten!

Lernen im Team :

Lern-Dart könnt ihr auch zu zweit spielen! Vergebt Punkte für die beantworteten Fragen und vergleicht am Schluss eure Ergebnisse.

Karteikarten

Wiederholen mit System

Viele Lernende haben das Lernen mit Karteikarten satt. Große Karteikarten-systeme erfordern viel Disziplin. Lass dich nicht abschrecken und verhindere, dass dir die Karteikarten zum Hals raushängen. Vermeide es, 200 Karteikarten zu einem Thema zu erstellen, sondern schreibe nur wenige Karten, dafür mit den wichtigsten Informationen.

Die Karteikarten dienen zum Wiederholen des Lernstoffes. Auf der einen Seite sollte ein Hinweisreiz stehen, etwa eine Frage oder ein Fachausdruck. Schreibe Antworten, Definitionen oder Übersetzungen auf die Rückseite. Mische die Karten zwischen jedem Wiederholungsdurchgang und lege Karten, die du bereits beherrschst, zur Seite.

Du musst nicht alle Karten auf einmal durcharbeiten: nütze einzelne freie Minuten zwischendurch und wiederhole so viele Karten wie möglich. Für kurze Frei-Zeiten gilt: besser eine Kartei-Karte als keine!

Lernen im Team  :

Tauscht eure Karteikarten einmal aus! Habt ihr unterschiedliche Informationen als wichtig empfunden und aufgeschrieben?

Lernbüchlein

Wissen handlich verpacken

So faltest du dein Lernbüchlein[20]

Falte ein A4 Blatt drei Mal in die Hälfte. Wenn du es öffnest, sieht es so aus:

Falte das Papier erneut einmal in die Hälfte und mach einen Schnitt von der Mitte der Faltfläche bis zur Hälfte des Papiers.

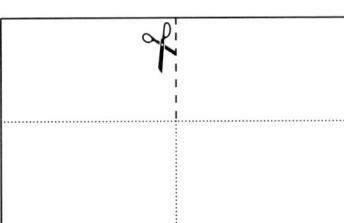

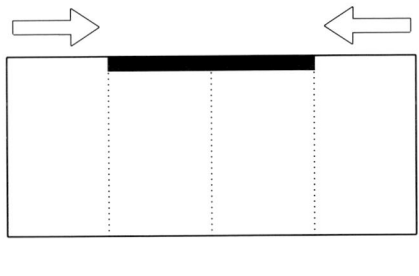

Öffne das Papier und falte es entlang der langen Seite in die Hälfte. Schiebe es an den Seiten zusammen, so dass ein Kreuz entsteht.

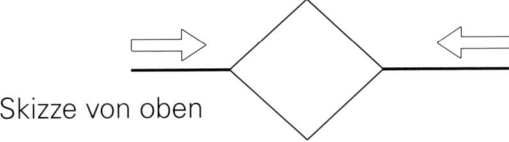

Skizze von oben

Lege die Seiten zusammen: Dein Büchlein ist fertig!

Nimm jetzt deine Lernunterlagen zur Hand und schreibe auf jede Buchseite eine wichtige Information, die du dir einprägen möchtest. Du hast insgesamt sechs Seiten zur Verfügung! Verwende dein Lernbüchlein zum Wiederholen zwischendurch.

Memory
Spielerisch wiederholen

Schreibe Vokabeln, die du aktuell lernen möchtest, auf kleine Kärtchen. Verwende ein Kärtchen für die Vokabel und zeichne den Begriff auf ein zweites Kärtchen. Alternativ kannst du natürlich auch die Übersetzung auf das zweite Kärtchen schreiben. Spiele nun Memory mit den Karten: Wenn du zwei zusammenpassende aufdeckst, darfst du sie zur Seite legen.

Lernen im Team  **:**

Lustiger ist es, zu zweit Memory zu spielen. Deckt abwechselnd zwei Karten auf, wer ein Paar findet, darf noch einmal ziehen.

Variante:

Statt Vokabeln kannst du andere Informationen in ein Lern-Memory einfließen lassen: Länder und deren Hauptstädte, Jahreszahlen und Ereignisse oder Fachausdrücke und deren Definitionen.

*So behalten wir manches,
was wir einmal gesehen haben,
eher im Gedächtnis als anderes,
was wir oft gesehen haben.
(Aristoteles)*

Eselsbrücken

Willkommen im Lerntipps-Programm „Eselsbrücken"!

Das Wort Eselsbrücke kommt angeblich daher, dass Esel sehr wasserscheue Tiere sind und sich bei Wanderungen weigerten, Wasserläufe zu überqueren, selbst wenn diese nicht sehr tief waren. Darum musste speziell für diese Esel eine Brücke gebaut werden. Eine Eselsbrücke beschreibt demnach eine Hilfestellung, die zwar zusätzlich und überflüssig erscheint, ohne die man sein Ziel aber nie erreichen würde.

Manche wichtigen Informationen wollen einfach nicht im Gedächtnis hängen bleiben. Dann können Eselsbrücken helfen. Eselsbrücken brauchst du nicht für alle Vokabeln, Fachausdrücke und Zahlen, die du dir merken sollst, sondern nur für die wichtigen Informationen, die du dir nicht leicht einprägen kannst. In diesem Kapitel findest du ein paar Anregungen, wie du dir in Zukunft selber Eselsbrücken bauen kannst. Übe dich darin, kreative Lösungen für Lernprobleme zu finden. Verlasse dich nicht nur auf altbekannte Merksprüche, sondern baue dir deine eigenen persönlichen Eselsbrücken. Nur du selbst kannst wissen, welche Informationen du dir besonders schlecht merken kannst. Verbindungen, die du selber findest, und Merksprüche aus deinem eigenen Kopf vergisst du nie!

Lerntipps Eselsbrücken

* Schlüsselwörter finden 1
* Schlüsselwörter finden 2
* Nonsens-Wörter
* Merksätze aus Anfangsbuchstaben
* Bilder im Kopf
* Gruppenfoto
* Ohrwurm
* Der feine Unterschied
* Zahlen einprägen

Schlüsselwörter finden 1

Reimen für ein gutes Gedächtnis

Fachausdrücke, Namen oder Vokabeln, die du dir nicht merken kannst, kannst du dir leicht mit einer einfachen Eselsbrücke einprägen. Suche dir ein Schlüsselwort, das sich auf den schwierigen Begriff reimt.

Finde geeignete Schlüsselwörter für die folgenden europäischen Hauptstädte:

Bukarest (Hauptstadt von Rumänien) reimt sich auf: ....

Riga (Hauptstadt von Lettland) reimt sich auf: ....

Valletta (Hauptstadt von Malta) reimt sich auf: ....

Verknüpfe deine Schlüsselwörter mit den jeweiligen Ländern, um dir die Hauptstädte zu merken.

Lernen im Team  **:**

Denkt daran, eure Eselsbrücken regelmäßig auszutauschen. Gemeinsam kommt ihr auf mehr Ideen!

Schlüsselwörter finden 2
Nütze dein Wörterbuch im Kopf

Wenn dir ein bestimmter Begriff nicht einfallen will, hilft es oftmals, wenn dir jemand verrät, mit welchem Buchstaben das gesuchte Wort beginnt. Du kannst dir also gut Eselsbrücken bauen, indem du Schlüsselwörter suchst, die mit denselben Anfangsbuchstaben beginnen.

Beginne mit den folgenden drei europäischen Hauptstädten:

Nikosia (Hauptstadt von Zypern) beginnt mit denselben Anfangsbuchstaben

wie: ....

Helsinki (Hauptstadt von Finnland) beginnt mit denselben Anfangsbuchstaben

wie: ....

Tallin (Hauptstadt von Estland) beginnt mit denselben Anfangsbuchstaben

wie: ....

Verbinde jetzt die gefundenen Schlüsselwörter mit den entsprechenden Ländern. So prägst du dir die Hauptstädte leicht ein!

Nonsens-Wörter

Unsinn gefragt!

Kurze Auflistungen kannst du dir merken, indem du die Anfangsbuchstaben zu einem Wort zusammenfügst. Hierbei dürfen Nonsens-Wörter entstehen.

Die vier Fälle der deutschen Sprache heißen der Reihe nach:

* Nominativ

* Genitiv

* Dativ

* Akkusativ

Bilde ein Nonsens-Wort.

Merksätze aus Anfangs-buchstaben

Mein Vater erklärt mir …

… jeden Sonntag unsere neun Planeten.

Kennst du diese Eselsbrücke? Sie hilft dir, die Planeten unseres Sonnensystems der Reihe nach aufzuzählen: Merkur, Venus, Erde, Mars, Jupiter, Saturn, Uranus, Neptun und Pluto. Pluto wird allerdings nicht mehr als Planet gezählt, der Merkspruch ist daher veraltet. Kannst du eine neue Eselsbrücke bauen?

Merkur

Venus

Erde

Mars

Jupiter

Saturn

Uranus

Neptun

Diese Strategie kannst du immer einsetzen, wenn du dir kurze Listen merken möchtest. So geht's:

1. Schreibe eine Liste der Punkte, die du dir merken möchtest.

2. Hebe bei jedem Listenpunkt den Anfangsbuchstaben des wichtigsten Wortes hervor.

3. Bilde einen Satz, bei dem die einzelnen Worte mit den Anfangsbuchstaben deiner Listenpunkte beginnen.

Bilder im Kopf
Kreativität ist gut fürs Gedächtnis

An Bilder erinnern wir uns besonders gut. Das kann dir dabei helfen, Vokabeln zu lernen. Versuche in deinem Vokabelheft so wenig wie möglich zu schreiben.

Kannst du die folgenden Vokabeln so schreiben, dass sich die Bedeutung im Schriftzug versteckt?

Beispiel:

island (Englisch „Insel")

fleur (Französisch „Blume")

sol (Spanisch „Sonne")

Versuche ähnliche Wortbilder für Vokabeln in deinem Vokabelheft zu finden.

Variante:

Derartige Wortbilder können dir dabei helfen, die Rechtschreibung deiner Muttersprache zu üben. Hebe die schwierigen Buchstaben optisch hervor und gestalte so ein passendes, einprägsames Bild!

Gruppenfoto
Rechtschreibung leicht gemacht

Diese Methode eignet sich dafür, die Rechtschreibung der Muttersprache zu verbessern, kann aber auch das Lernen von Fremdsprachen erleichtern.

Wähle ein Thema für dein Gruppenbild. Das kann beispielsweise ein schwieriger Buchstabe (V, ß, ç ...) oder eine Rechtschreibregel sein.

Sammle anschließend so viele Begriffe wie möglich, die in die gewählte Gruppe passen.

Stell dir vor, du möchtest ein Gruppenfoto von allen gewählten Begriffen machen. Stelle dir die einzelnen Elemente so detailreich wie möglich vor. Gestalte so im Kopf ein Gruppenbild des Rechtschreibthemas.

Probiere das gleich mit folgendem Beispiel:

Doppel-A: aa

Wörter:

- ✳ Haar
- ✳ Paar
- ✳ Saal
- ✳ Saat
- ✳ Staat
- ✳ Waage

Skizziere hier dein aa-Gruppenbild:

Ohrwurm
Zahlen-Rap

Manche Lieder gehen uns einfach nicht aus dem Kopf. Indem du dir rhythmische Eselsbrücken baust, die sich vielleicht sogar reimen, kannst du dir Ohrwürmer für deinen Lernstoff erstellen und dafür sorgen, dass du die wichtigen Informationen nie vergisst.

Als Beispiel hier ein paar Jahreszahlen. Versuche sie in verschiedenen Rhythmen aufzusagen und nenne die Ziffern entweder einzeln hintereinander (Eins – Neun – Sechs – Neun), in Zweier-Paaren (Neunzehn – Neunundsechzig) oder als ganze Zahl (Eintausendneunhundertneunundsechzig). Welcher Rhythmus erscheint dir geeignet? Fällt dir vielleicht auch gleich ein passender Merkspruch ein?

1969: Neil Armstrong betritt als erster Mensch den Mond

753 v. Chr.: Gründung Roms

1978: Córdoba – Österreich besiegt Deutschland im Rahmen der Fußball-Weltmeisterschaft

Lernen im Team :

Tauscht eure Zahlensprüche aus und beurteilt sie in einem Ranking. Wer ist der beste Zahlen-Rapper?

Der feine Unterschied

Vermeide Verwechslungen

Finde die Unterschiede:

Markiere in den folgenden beiden Begriffen die Buchstaben, die die beiden Ländernamen voneinander unterscheiden:

Slowakei

Slowenien

Fällt dir eine Eselsbrücke ein die dir dabei hilft, die Hauptstädte der beiden Länder eindeutig zuzuordnen? Verbinde dazu die Hauptstadtnamen mit den gefundenen Unterscheidungsmerkmalen der Ländernamen.

Slowakei – Bratislava

Slowenien – Laibach

Varianten:

Fällt dir eine Eselsbrücke ein, wie du die beiden englischen Begriffe für „viel" unterscheiden kannst?

much: für unzählbare Begriffe (much snow)
many: für zählbare Begriffe (many apples)

Suche eine Eselsbrücke für die Beschriftungen der Koordinaten:

X-Achse: Abszisse
Y-Achse: Ordinate

Zahlen einprägen
Finde bekannte Zahlen

Was verbindest du mit den folgenden Zahlen? Schreibe alle deine Gedanken auf.

14 ....

44 ....

50 ....

92 ....

Nütze deine Assoziationen, um Eselsbrücken für die folgenden drei Informationen zu bauen:

Amerika wurde 1492 entdeckt.

Die USA bestehen aus 50 Teilstaaten.

Barack Obama ist der 44. Präsident der USA.

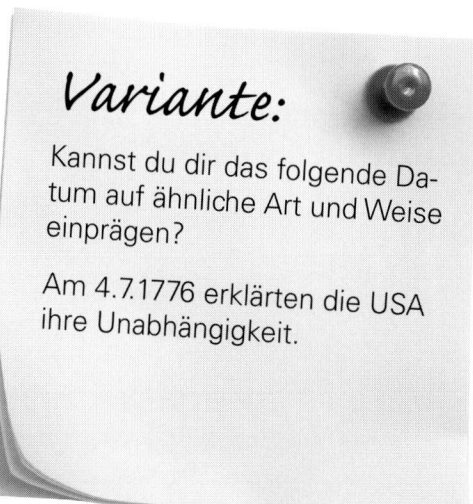

Variante:

Kannst du dir das folgende Datum auf ähnliche Art und Weise einprägen?

Am 4.7.1776 erklärten die USA ihre Unabhängigkeit.

*Das Gedächtnis ist die erste
Voraussetzung des Genies.
(Honoré de Balzac)*

Mnemotechniken

Mithilfe dieser Lerntipps wirst du zum Gedächtniskünstler!

Mnemotechniken sind Merkstrategien aus der Antike. Mit ihrer Hilfe können
wir uns längere Auflistungen schnell und einfach merken. Gedächtnismeis-
ter, die sich innerhalb kürzester Zeit Spielkarten oder lange Zahlenreihen
einprägen, nützen genau diese Methoden. Du kannst dir Mnemotechniken
vorstellen wie etwas aufwändigere Eselsbrücken. Übe die verschiedenen
Methoden, die in diesem Kapitel vorgestellt werden. Du wirst sie in Zukunft
einsetzen können, wenn du Informationen für Tests, Prüfungen oder Referate
schnell auswendig können möchtest.

Lerntipps Mnemotechniken

* Assoziationskette
* Geschichtenerzähler
* Wissensraum
* Bodypainting
* 5 Finger – 5 Helfer
* Lerntanz
* Lernspaziergang
* Auflistungen 1–5
* Auflistungen 6–10

Assoziationskette

Begriffe aneinanderreihen

In der chinesischen Kultur werden fünf Elemente unterschieden:

* Holz

* Feuer

* Erde

* Metall

* Wasser

Präge dir die Elemente ein, indem du sie der Reihe nach miteinander verknüpfst. Verbinde Holz mit Feuer, indem du dir ein brennendes Holzscheit vorstellst. Füge dem Bild das Element Erde dazu … Hast du eine Idee, wie? Verbinde so alle fünf Elemente miteinander.

Lernen im Team :

Spielt das Spiel „Kofferpacken" Dabei sagt der erste Spieler: „Ich packe meinen Koffer und gebe ein T-Shirt hinein." Der nächste Spieler wiederholt, was bereits im Koffer ist, und fügt ein weiteres Element hinzu. Wie viele Begriffe könnt ihr euch merken? Bildet in Gedanken eine Assoziationskette, um euch mehr Wörter einprägen zu können.

Geschichtenerzähler
Phantasievoll auswendig lernen

Erzähle eine Geschichte, in der die folgenden Begriffe vorkommen:

* Geisterberg

* Herde

* Bürger

* Faust

* Frühling

Die Geschichte könnte so beginnen:

Auf dem Geisterberg sammelt sich eine Herde Werwölfe …
Erzähl die Geschichte weiter und verwende die vorgegebenen Begriffe.

Kannst du dich noch an deine Geschichte erinnern?
In deiner Geschichte sind fünf wichtige Autoren der Epoche „Sturm und Drang" versteckt:

* Heinrich Wilhelm von Gerstenberg

* Johann Gottfried Herder

* Gottfried August Bürger

* Johann Wolfgang Goethe (Autor von „Faust")

* Jakob Michael Reinhold Lenz

Nütze ähnliche Merkgeschichten, um dir wichtige Daten für deine nächste Prüfung zu merken!

Wissensraum

Dein Klassenzimmer als Schummelzettel

Schau dich um und verteile die folgenden Gegenstände in Gedanken im Raum. Stelle sie dir an verschiedenen Positionen vor:

* Hammer

* Schuh

* Wagen

* Klinge

* Schilling

Den Hammer könntest du beispielsweise in Gedanken unter dem Stuhl verstecken, den Stuhl hängst du an die Lampe … verteile die anderen Gegenstände im Raum!

Blicke dich jetzt erneut im Raum um. Kannst du die Gegenstände zurückfinden?

Die Gegenstände erinnern an die Namen fünf weiterer Autoren des „Sturm und Drang":

* Johann Georg Hamann

* Christian Friedrich Daniel Schubart

* Heinrich Leopold Wagner

* Friedrich Maximilian Klinger

* Friedrich Schiller

Nütze diese Merktechniken, wenn du dir kurze Listen für die Schule oder dein Studium einprägen musst!

Bodypainting
Trage dein Wissen ständig bei dir

Stell dir vor, du müsstest ein Kurzreferat zum Thema „Städte im Mittelalter" halten. Die folgenden Punkt möchtest du in diese Reihenfolge erwähnen:

* Entstehung der Städte
* Verwaltung
* Stadtrecht
* Leben in der Stadt
* Handwerk
* Handel

Verknüpfe die verschiedenen Punkte mit Positionen an deinem Körper. Beginne bei deinen Füßen und arbeite dich der Reihe nach aufwärts.

Die Entstehung der Städte verknüpfst du mit deinen Füßen. Das passt gut zusammen, denn auf deinen Füßen stehst du.

Die Verwaltung wird mit den Knien verbunden. Stell dir beispielsweise vor, wie du zahlreiche Formulare zwischen deinen Knien einklemmst.

Verknüpfe auf diese Art und Weise auch noch die anderen Punkte mit Positionen an deinem Körper.

Während deinem Referat kannst du dich an deine Stichworte erinnern. Erinnerst du dich noch, welchen Punkt du mit deinen Füßen assoziiert hast?

5 Finger – 5 Helfer
Deine Hand als Schummelzettel

Deine Hand kann als Merkhilfe während wichtigen Schularbeiten und Tests dienen. Wenn du fünf Punkte auf einen Schummelzettel schreiben dürftest, welche Informationen würden das sein? Sammle die Punkte, an die du auf jeden Fall erinnert werden möchtest.

Verknüpfe anschließend die gefundenen Hinweise mit den fünf Fingern deiner linken Hand. Schaffe möglichst merk-würdige Verknüpfungen!

Die Hinweise für eine Mathematik-Schularbeit könnten lauten:

1. Punkt vor Strich rechnen!

2. Ergebnisse unterstreichen

3. Geometrie-Aufgaben: Abstände zweimal messen

4. Ergebnisse schätzen und mit echten Ergebnissen vergleichen

5. Komma nicht vergessen

Den ersten Punkt verbindest du mit dem Daumen: Stell dir einen großen fetten Punkt auf deinem Daumen vor. Dieser erinnert dich, dass in Gleichungen „Punkt-Rechnungen" (* und :) vor „Strich-Rechnungen" (+ und –) gerechnet werden.

Dein Zeigefinger zeigt auf die Ergebnisse und erinnert dich daran, diese zu unterstreichen, damit sie auf einen Blick gefunden werden können.

Dein Mittelfinger ist der längste Finger. Deine Verknüpfung könnte ein Lineal sein, mit dem du nicht nur die Länge des Fingers misst, sondern auch deine Zeichnungen überprüfst.

Als Nächstes ist der Ringfinger an der Reihe. Stell dir einen teuren Ring vor, dessen Wert du schätzt, bevor du nach dem Preis fragst. Genauso ist es oft günstig, die Rechnungen zunächst im Kopf zu überschlagen und dein Ergebnis anschließend zu vergleichen.

Krümme deinen kleinen Finger. Er erinnert dich an das Kommazeichen.

Finde jetzt Hinweise für deine nächst Schularbeit! Woran soll dich deine Hand erinnern?

Lerntanz
Lernen mit Bewegung

Wähle sechs Vokabeln, die du gerade lernen möchtest. Verrichte eine alltägliche Bewegung, beispielsweise Hände waschen, während du die fünf Vokabeln aufsagst:

Wasserhahn aufdrehen: erstes Vokabel

Hände unter das Wasser halten: zweites Vokabel

Hände einseifen: drittes Vokabel

Hände abspülen: viertes Vokabel

Hahn abdrehen: fünftes Vokabel

Hände abtrocknen: sechstes Vokabel

Sage die Vokabeln so oft wie möglich vor dir her, während du die Bewegung verrichtest. Wiederhole die Liste jedesmal, wenn du dir diese Woche die Hände wäschst. Du wirst merken, wie dir die Wörter mit der Zeit ganz automatisch einfallen.

Variante:

Wiederhole diese Übung mit anderen Vokabeln aus deiner Vokabelliste und anderen alltäglichen Bewegungen. Du kannst dir auf diese Art und Weise auch andere Wissensinhalte einprägen, etwa kurze Definitionen oder Formeln.

Lernspaziergang
Auswendig lernen an der frischen Luft

Wähle eine kurze Route im Hof deines Hauses, in einem Park oder deinem Garten.

Lies die folgende Liste in Ruhe durch, während du den Weg abgehst. Bleib nach jedem Begriff kurz stehen und versuche ihn mit der Position zu verbinden, an der du gerade stehst.

Elemente der organischen Chemie:

- ✽ Kohlenstoff
- ✽ Wasserstoff
- ✽ Sauerstoff
- ✽ Stickstoff
- ✽ Schwefel
- ✽ Phosphor

Wenn deine Route bei einer Parkbank beginnt, kannst du dir beispielsweise ein Stück Kohle vorstellen, das auf der Bank liegt, um dich an den Kohlenstoff zu erinnern.

Verteile so alle Elemente auf verschiedenen Stellen deiner Route.

Gehe nun noch einmal den Weg ab.
Kannst du dich an die Liste erinnern?

Variante:
Mache einen längeren Spaziergang und präge dir dabei die 23 Bezirke Wiens oder die 50 Staaten Amerikas ein.

Auflistungen 1–5

Kurze Listen der Reihe nach aufsagen

Du siehst hier die Ziffern 1 bis 5 sowie passende Symbole.

Merke dir nun die folgenden fünf Punkte, indem du sie mit deinen fünf Zahlenbildern verknüpfst.

5 Schritte zur Berufswahl[21]

1. **Selbsterkenntnis:** Was sind meine Fähigkeiten und Interessen?

2. **Informationen** über die Berufswelt

3. **Gegenüberstellung** der Selbsterkenntnis und der gewonnenen Informationen

4. **Eingrenzung** der Wahlalternativen: Rangreihe bevorzugter Berufe, Praktika

5. Berufswahl**entscheidung:** Eingrenzung auf den gewünschten Beruf, Überprüfung der Ausbildungsmarktlage

Ich und Selbsterkenntnis lassen sich leicht miteinander verbinden.

Punkt 2 sind Informationen über die Berufswelt. Verknüpfe sie mit dem Schwan, indem du dir etwa vorstellst, wie der Schwan sich Informationen aus einer Broschüre beschafft.

Verbinde nun auch die anderen drei Punkte mit den Zahlenbildern.

Versuche dich nun mithilfe der Zahlenbilder an die fünf Schritte zur Berufswahl zu erinnern.

Auflistungen 6–10

10 Punkte gezielt abrufen

Suche selber geeignete Symbole für die Ziffern 6 bis 10:

6

7

8

9

10

Du kannst die Symbole nutzen, um dir Auflistungen zu merken.

Lernen im Team  **:**

Tauscht eure Zahlenbilder aus und findet die besten zehn Symbole für die Ziffern von 1 bis 10!

*Das Ziel des Schreibens ist es,
andere sehen zu machen.
(Joseph Conrad)*

Schreibtechniken

In den Lerntipps „Schreibtechniken" findest du einige Anregungen, die dir das Schreiben erleichtern sollen.

Schneller mitschreiben während Vorlesungen und Schulstunden? Absolviere die ersten Trainingseinheiten, um beim Mitschreiben besser im Rennen zu liegen.

Außerdem trainierst du in diesem Kapitel deinen Wortschatz und deine Fähigkeit, die richtigen Worte zu finden. Informationen in eigene Worte fassen zu können ist wichtig, wenn du bei Prüfungen das gelernte Wissen wiedergeben möchtest. Du kannst noch so viel wissen und gelernt haben – wenn du dein Wissen nicht ausdrücken kannst, ist das Rennen schnell gelaufen. Vergrößere darum deinen Wortschatz und deinen Sprachfluss mit den Übungen in diesem Kapitel.

Lerntipps Schreibtechniken

* Abkürzungen finden
* Symbole entwickeln
* Synonyme
* Lückentext
* Freewriting
* Fortsetzung folgt
* In den Schuhen von
* Einfach formulieren
* In der Kürze liegt die Würze

Abkürzungen finden
Schneller mitschreiben

Schreibe Abkürzungen für die folgenden Begriffe auf! Für einige Begriffe wirst du bereits Abkürzungen kennen, für alle anderen kannst du dir neue Kurzformen ausdenken.

zum Beispiel: ....

eventuell: ....

möglich: ....

Hauptbahnhof: ....

das heißt: ....

siehe oben: ....

Österreich: ....

Deutschland: ....

Lokomotive: ....

Säure: ....

Fernsehen: ....

Download: ....

Welche Begriffe werden in Vorlesungen und Schulstunden häufig erwähnt? Überlege dir geeignete Abkürzungen, um dir das Mitschreiben zu erleichtern.

Symbole entwickeln
Zeichnend schreiben

Du musst nicht jedes einzelne Wort ausschreiben, wenn du Notizen machst. Verwende Symbole. Gerade das Mitschreiben während Vorlesungen und Schulstunden kannst du dir dadurch erleichtern und deine Schreibgeschwindigkeit erhöhen. Erstelle eine Liste von häufigen Worten und Fachausdrücken, die dir häufig begegnen. Überleg dir geeignete Symbole, um die Begriffe darzustellen. Verwende auch Symbole wie Pfeile oder Markierungen, um deine Mitschriften übersichtlicher zu machen.

hier ein paar Beispiele:

=	ist	⚡	Schmerz, Kampf, Krieg
‹	kleiner	💣	Angriff (Geschichte)
→	daraus folgt, führt zu	♀	weiblich
!	wichtig, Achtung	⊕	weltweit
?	Frage, noch nicht geklärt	☠	giftig (Chemie, Biologie)
👁	siehe auch ...	⬤	flüssig (Chemie)
⚷	(Schlüssel) Lösung	†	Tod
☺	positive Folgen		

Hier ist Platz für deine weiteren Symbole:

Synonyme
Erweitere deinen Wortschatz

Synonyme sind Begriffspaare. Viele Worte haben eine ähnliche oder sogar gleiche Bedeutung. Beispiele für Synonyme sind etwa Henne und Huhn.

Für die Tätigkeit „gehen" gibt es ebenfalls viele verschiedene Begriffe: laufen, spazieren, schleichen usw.

Wie viele Synonyme für das Wort „gehen" fallen dir ein?

Varianten:

Suche Synonyme für die folgenden Begriffe:

* ✳ sprechen
* ✳ lernen
* ✳ Freund
* ✳ Auto
* ✳ traurig
* ✳ schön

Lernen im Team:

Macht die Übung gemeinsam und nennt abwechselnd Synonyme zu dem gefragten Begriff. Gewonnen hat, wer länger auf neue Ideen kommt!

Lückentext
Vervollständige die Geschichte

Im folgenden Text wurden die meisten Eigenschaftswörter gestrichen. Welche Begriffe könnten in die freien Stellen passen? Finde so viele Varianten wie möglich. Mehrere Wörter könnten in die freien Stellen passen.

Münchhausen: Der Schlittenwolf [22]

Da es in Russland nicht .... ist, hoch zu Pferde zu reisen, kaufte ich mir einen .... Schlitten, spannte mein Pferd vor, und wir trabten .... auf Sankt Petersburg zu. Irgendwo in Estland oder in Ingermanland, so genau weiß ich's nicht mehr, auf alle Fälle aber in einem......................, ... Wald wurde mit einem Male mein Pferd .... und raste, wie ...., mit mir auf und davon. Ich drehte mich um und erblickte einen .... Wolf, der, ... vor Hunger, hinter uns herjagte und immer näher und näher kam.

Ihm zu entwischen war .... Schon war er nur noch fünf Meter hinter uns – da warf ich mich, ... wie ich bin, auf den Boden des Schlittens, ließ die Zügel los, und der Wolf, der eigentlich mich als Mahlzeit ausersehen hatte, sprang über mich weg und verbiss sich .... in mein Pferd. Das Hinterteil verschlang er, als wär's nicht mehr als ein Stückchen Wurst, und das .... Tier lief vor Schmerz und Schrecken noch schneller als vorher. Als ich nach einiger Zeit wieder hinblickte, sah ich ...., dass sich der Wolf in das Pferd förmlich hineingefressen hatte!

Da setzte ich mich wieder hoch, ergriff die Peitsche und schlug .... auf den Wolf ein. Das behagte ihm gar nicht, und er fraß sich noch schneller vorwärts. Ich schlug und schlug, und plötzlich fiel das Pferd, oder was von ihm noch übrig war, aus dem Geschirr, und der Wolf steckte darin! Mir tut mein Arm heute noch weh, wenn ich daran denke, wie ich .... und .... auf ihn mit der Peitsche eindrosch.

Wir flogen nur so durch den Wald und über die Felder, und dann galoppierten wir an den ersten Häusern einer .... Stadt vorbei. Das war St. Petersburg, und die Leute auf den Straßen staunten nicht schlecht. Denn einen Wolf, der einen Schlitten zog, hatten sie noch nicht gesehen!

Lernen im Team :

Gestaltet für euch gegenseitig derartige Texte und streicht beispielweise alle Eigenschaftswörter oder alle Zeitwörter durch.

Freewriting[23]
Schreib dich frei

Freewriting ist eine Methode, die dir dabei hilft, deine Gedanken auf Papier zu bringen. So kannst du Schreibblockaden überwinden.

Das Thema lautet: „Lernen". Beginne einfach zu schreiben und notiere alles, was dir zu dem Thema durch den Kopf geht. Schreib dabei, so schnell du kannst, und höre nicht auf zu schreiben. Fehler sind erlaubt. Stoppe deinen Schreibfluss nicht, um sie auszubessern. Alles darf ausgeschrieben werde, lass deinen Gedanken freien Lauf.

Du hast 60 Sekunden Zeit. Schreibe in dieser Zeit so viel wie möglich. Los geht's:

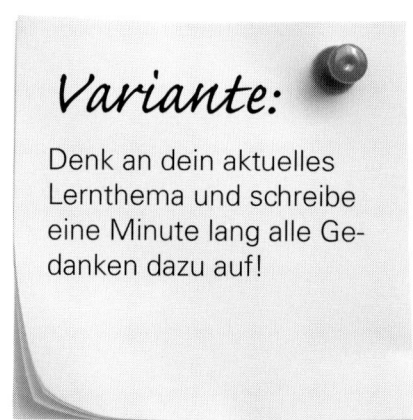

Variante:

Denk an dein aktuelles Lernthema und schreibe eine Minute lang alle Gedanken dazu auf!

Fortsetzung folgt

Schreibe Geschichten zu Ende

Schlag den Roman auf, der dir am nächsten liegt, und lies nur den ersten Absatz. Wie könnte die Geschichte weitergehen? Verfasse eine Kurzgeschichte.

Lernen im Team  :

Jeder von euch bekommt ein Blatt Papier und einen Stift. Schreibt zwei bis drei mögliche Beginnzeilen einer Geschichte und faltet dann das Papier so um, dass nur die letzte Zeile zu sehen ist. Tauscht nun die Zettel aus. Schreibt nun eine Fortsetzung der Geschichte, die vor euch liegt. Schreibt auf die Art und Weise weiter, bis das Blatt voll ist. Je mehr Schreiber ihr seid, desto vielseitiger werden eure Geschichten.

88 In den Schuhen von
Neue Perspektiven einnehmen

Denk an einen Film, den du unlängst gesehen hast. Wähle einen Charakter jenseits der Hauptfiguren, der dir gut in Erinnerung geblieben ist. Stell dir vor, wie er einen Tag nach den Geschehnissen zurückblickt und einem Freund via E-Mail von den Erlebnissen berichtet. Schreib eine kurze Nachricht aus seiner Sicht!

Variante:

An welche Märchen kannst du dich noch erinnern? Erzähle sie aus Sicht der unterschiedlichen Figuren nach.

Einfach formulieren
Findest du die richtigen Worte?

Stell dir vor, du hast Besuch aus Japan. Dein Besuch spricht ganz gut Deutsch, trotzdem hat er Schwierigkeiten, ein paar Begriffe zu verstehen. Versuche, ihm die folgenden Worte einfach zu umschreiben:

Kompass

....

....

Bundespräsident

....

....

Vulkan

....

....

Quecksilber

....

....

In schriftlichen, aber auch mündlichen Prüfungen ist es wichtig, schwierige Informationen in eigenen Worten wiedergeben zu können. Du kannst das im Alltag üben, indem du dich darin versuchst, Begriffe zu umschreiben.

In der Kürze liegt die Würze

In einem Satz

Schalte das Radio ein und höre dir die Nachrichten an. Wähle einen Beitrag und versuche ihn in einem Satz zusammenzufassen. Achte darauf, deine eigenen Worte zu verwenden und nicht einfach die des Moderators zu wiederholen.

Varianten:

Denk an ein aktuelles Lernthema und versuche in einem Satz zu beschreiben, worum es geht. Übe dich darin, auf diese Art und Weise den Stoff der Prüfung in einem Satz zusammenzufassen.

Diese Methode kannst du auch anwenden, wenn du eine Abschlussarbeit schreiben musst. Umfasse in einem Satz, worüber du schreiben möchtest.

Wer kämpft, kann verlieren.
Wer nicht kämpft, hat schon verloren.
(Bertolt Brecht)

Prüfungsvorbereitung

Das letzte Programm ist der Prüfungsvorbereitung gewidmet. Kein Spitzensportler geht ohne Mentaltraining in einen wichtigen Wettkampf. Bereite auch du dich geistig auf wichtige Prüfungen vor. Vor einem entscheidenden Spiel spricht der Coach noch einmal seiner Mannschaft zu. Genauso versuchen die „Lerntipps" dir hier noch neun Prüfungsvorbereitungen mitzugeben, bevor du in den Ring steigst.

Die Übungen in diesem Kapitel stärken deine Nerven, damit du während der Prüfung einen kühlen Kopf bewahrst. Sie zeigen dir, wie du dich vor, während und nach der Prüfung verhalten solltest, um die optimalen Ergebnisse zu erzielen.

Viel Erfolg!

Lerntipps Prüfungsvorbereitung

* Selffulfilling Prophecy
* Kraft-Atmung
* Walk of fame
* Prüfer-Quiz
* Rollentausch
* Körpersprache
* Überblick
* Blackout?
* Spielanalyse

Selffulfilling Prophecy
Mentale Prüfungsvorbereitung

Verbringst du die Tage vor Prüfungen häufig damit, darüber zu grübeln, was passiert, wenn du die Prüfung nicht bestehst? Dann erhöhst du leider das Risiko, dass das tatsächlich passiert. Ein Sportler, der vor dem Wettkampf an seinem Können zweifelt, hat schlechtere Karten als sein selbstsicherer Gegner.

Drehe den Spieß also um und stell dir bereits vor der Prüfung vor, wie du sie bestehst.

Denk also an eine dir bevorstehende Prüfung und stelle sie dir so genau wie möglich vor. Wo wird sie stattfinden und wer ist dabei? Was wirst du tragen und wie wirst du stehen oder sitzen? Male dir die Prüfungssituation so genau wie möglich aus. Stell dir vor, wie du die Fragen gezielt und sicher beantwortest. Was passiert nach der Prüfung? Widme dich dem erleichterten Gefühl danach: Du hast es geschafft!

Kraft-Atmung
Kraft tanken vor der Prüfung

Dein Gehirn braucht Sauerstoff, um optimal zu arbeiten. Tanke darum vor der Prüfung in Ruhe Sauerstoff. Stell dich an ein geöffnetes Fenster oder in einen Hof und atme ruhig ein und aus. Achte darauf, durch die Nase ein- und durch den Mund auszuatmen. Beobachte, wie sich bei tiefen Atemzügen deine Bauchdecke hebt, und spüre, wie sich dein Körper mit Sauerstoff füllt.

Kombiniere jetzt diese Atmung mit motivierenden Sätzen. Denke dir beispielsweise bei jedem Einatmen „Ich" und beim Ausatmen „schaff es!".

Überlege dir einen Satz für diene Kraft-Atmung vor der Prüfung:

....

Walk of fame
Die Ausstrahlung der Gewinner

Woran erkennt man einen Sieger? Betrachte die beiden Figuren: Welche hat deiner Meinung nach den Wettkampf gewonnen?

Wie würdest du selber gehen, stehen oder sitzen, wenn du einen großen Wettkampf gewonnen hast? Stehe jetzt auf und gehe erhobenen Hauptes durch den Raum. Halte deinen Kopf hoch und ziehe deine Schultern zurück. Achte auch auf deinen Gesichtsausdruck und strahle deinen Erfolg aus! Stell dir vor, wie die Menschen um dich herum dir zujubeln und dir zu deinem Sieg gratulieren.

Nimm diese Selbst- und Siegessicherheit mit zu deiner nächsten Prüfung!

Prüfer-Quiz

Bereite dich auf dein Gegenüber vor

Wer stellt eigentlich die Fragen? Absolviere das folgende Quiz zu deiner Prüfung:

Wo und wann findet die Prüfung statt? Wie lange wird sie dauern?

....

Art der Prüfung

* mündlich
* schriftlich
* Multiple Choice

Was ist das Lieblings-Thema der Prüferin?

....

Welche Frage erwartest du auf jeden Fall?

....

Welche Art der Fragen stellt der Prüfer am meisten?

* Detail-Fragen
* Verständnis-Fragen

Berücksichtige deine Antworten auf dieses Quiz in der Prüfungsvorbereitung. Welches Thema solltest du auf keinen Fall auslassen? Solltest du dich eher auf konkrete Daten und Fakten konzentrieren oder darauf achten, dass du alle Zusammenhänge erkannt hast? Bereite dich gezielt auf dein Gegenüber vor!

Lernen im Team :

Frage Kollegen, die bereits bei dem Prüfer angetreten sind, um ihre Meinung. Verwende dazu die Fragen des Prüfer-Quiz. Was können dir andere über die Prüferin verraten?

Rollentausch

Drehe den Spieß um

Denke an deine nächste Prüfung und versetze dich in die Rolle der Prüferin. Welche Fragen würdest du stellen? Notiere hier drei Prüfungsfragen:

1.

2.

3.

Welche Antworten würdest du als Prüferin erwarten?

Schreibe sie hier auf:

1.

2.

3.

Woran würdest du erkennen, dass sich dein Prüfling gut vorbereitet hat? Welche Fakten muss er auf jeden Fall wissen?

Lernen im Team :

Erstellt für euch gegenseitig Probetests. Wenn ihr euch auf eine mündliche Prüfung vorbereitet, prüft euch mündlich ab. Für die Vorbereitung auf einen schriftlichen Test ist es besser, wenn ihr den Probetest auch schriftlich macht.

Körpersprache

Deine Siegeshaltung für die mündliche Prüfung

Vor allem bei mündlichen Prüfungen ist deine Ausstrahlung wichtig. Es geht nicht darum, dass du alle weißt, sondern dass du deinem Prüfer das Gefühl gibst, du würdest alles wissen.

Deine Checkliste für eine selbstsichere Körpersprache:

1. aufrechte Körperhaltung: Halte deinen Kopf hoch und ziehe deine Schultern zurück. Stell dir vor, wie dich ein Faden am Hinterkopf wie eine Marionette in die Luft zieht.

2. tiefe ruhige Stimme: Hohe, schnelle, piepsige Stimmen wirken aufgeregt und unsicher, während tiefe, ruhige, langsame Stimmen Kompetenz ausstrahlen. Was wirst du zur Begrüßung sagen? Übe den Satz in einer möglichst tiefen, ruhigen Stimme. Wenn du während der Prüfung unsicher wirst, konzentriere dich darauf, deine Stimme wieder zu kontrollieren, und sprich bewusst mit sicherer Stimme.

3. Augenkontakt: Blick deinem Gegenüber in die Augen! Denk daran, ein Prüfungsgespräch zu führen und keinen Monolog, und meide keinesfalls den Blick des Prüfers.

Stell dich vor den Spiegel und nimm deine Siegeshaltung für deine mündliche Prüfung ein!

Lernen im Team 👤👤:

Stellt euch gegenüber. Einer von euch stellt sich zunächst entspannt und normal hin und begibt sich in die Siegeshaltung für die Prüfung. Seht ihr den Unterschied?

Überblick
Löse schriftliche Tests mit System

Hier findest du einen Probetest.

Nimm einen Stift zur Hand und beantworte alle Fragen so schnell wie möglich.

Überfliege immer, bevor du einen schriftlichen Test löst, alle Fragen und verschaffe dir einen Überblick über den Test. Lies also jetzt schnell alle Aufgabenstellungen durch und beginne erst danach mit dem Ausfüllen.

1. Löse die folgende Rechnung: 6*3 – 12 =

2. Nenne einen Grund, warum du dieses Buch aufgeschlagen hast:

3. Löse die folgende Rechnung: 1 + 8 * 5 =

4. Was ist deine Stärke? Schriftliche Tests oder mündliche Prüfungen?

5. Löse die folgende Rechnung: 5*4 – 2 =

6. Welche Übung aus diesem Buch hat dir bereits weitergeholfen? Warum?

7. Löse die folgende Rechnung: 2 – 2 =

8. Beantworte die Fragen 1 bis 7 nur in Gedanken. Schreibe nichts auf.

Geschafft?

Hast du den Test bestanden oder hast du Antworten aufgeschrieben, bevor du den ganzen Test überflogen hast?

Denke an diese kleine Falle, wenn du vor deiner nächsten schriftlichen Prüfung stehst. Verschaffe dir zuerst einen Überblick!

Blackout?
Erobere deine Erinnerungen zurück!

Du stehst auf der Leitung? Verfolge diesen Fünf-Schritte-Schlachtplan, um deine Erinnerungen zurückzuholen.

1. Denk zurück: Wo hast du den vergessenen Begriff zum letzten Mal gehört? Rufe dir die Situation so detailreich wie möglich in Erinnerung.

2. Wie hast du dir das Wort eingeprägt? Hast du dir vielleicht eine Eselsbrücke gebaut?

3. Abc: Denke der Reihe nach alle Buchstaben des Alphabets durch. Streiche in Gedanken die Buchstaben weg, die auf keinen Fall in Frage kommen, und reduziere so die Anzahl der Möglichkeiten.

4. Woran kannst du dich noch erinnern? Rufe dir Informationen über den Begriff in Erinnerung. War es ein langer oder ein kurzer Begriff? Klang er eher weich oder hart? Aus welchem Sprachraum kommt das Wort? Kannst du dir das Schriftbild in Erinnerung rufen?

5. Pause! Sollte dir im Rahmen der Schritte 1 bis 4 das Wort nicht eingefallen sein, mache eine kurze Pause. Entspanne dich und denke an etwas ganz anderes. Löse bei schriftlichen Prüfungen erst andere Aufgaben und versuche im Rahmen von mündlichen Prüfungen das Wort zu umschreiben oder auf eine andere Frage abzulenken.

Spielanalyse
Sei dein eigener Lerncoach[24]

Analysiere nach der Prüfung deinen eigenen Lernerfolg. Wie schätzt du dich selber ein?

Meine Stärken: Das habe ich richtig gut gemacht.	Meine Schwächen: Hier habe ich noch Wissenslücken	Ergebnis: Hier kann ich mich noch verbessern

Der Wettbewerb: So ist es mir während der Prüfung gegangen	Das bisherige Training: So habe ich mich auf die Arbeit vorbereitet.	Ergebnis: So werde ich mich in Zukunft vorbereiten:

Lernen im Team  **:**

Coacht euch gegenseitig und nützt dafür die beiden Tabellen. Welche Ratschläge könnt ihr euch gegenseitig geben? Versucht möglichst konkrete Tipps zu geben und Vorschläge für die Zukunft zu machen. Konzentriert euch bei eurem Feedback auf die positiven Seiten. Solltet ihr auch negative Anmerkungen haben, bemüht euch, sie möglichst sachlich zu beschreiben und zu erklären, warum ihr persönlich dieser Meinung seid.

Lösungsvorschläge

S 34: Internet under control

Mögliche Kategorien und Strategien:

Kommunikation (E-Mails, networks, chatten): Zähle zusammen, wie viel Zeit du momentan für die verschiedenen Bereiche benötigst. Teile diese Zeit durch drei und plane dreimal täglich eine Kommunikationsphase ein. In dieser Zeit werden E-Mails gelesen und beantwortet und Statusmeldungen in Netzwerken aktualisiert.

Arbeit (Recherche): Recherchen im Internet können viel Zeit in Anspruch nehmen. Überlege dir darum, bevor du mit der Suche beginnst, was du genau suchst. Notiere deine Fragen eventuell und nütze die Liste dazu, beim Thema zu bleiben. Sollten während der Suche neue Fragen auftauchen, notiere sie für später.

Organisation (gezielte Suche): Organisatorische Fragen lassen sich häufig geschwind zwischendurch klären. Bevor du viel Zeit in Suchen investierst, nütze das Wissen anderer und frage nach, wo du gezielt suchen kannst.

Freizeit (Spiele, Filme, Musik): Alles, was in diese Kategorie fällt, zählt zu deiner Pausenzeit. Verteile Pausen geschickt über den Tag und achte darauf, Pausen auch wieder zu beenden. Wenn du ohnehin viel am Schreibtisch sitzt, um zu arbeiten, solltest du versuchen, diese Zeiten nach Möglichkeit zu reduzieren!

S 53: Querlesen 2

erbeuten – erjagen
wütend – erbost
Zähnen – Krallen
erschöpft – müde
lachend – fröhlich

S 56: Kritisch lesen

4. ~~Ohr~~ Schulter
7. Kruppe (höchster Punkt ~~der Schulter~~ des Hinterteils)
11. Widerrist (höchster Punkt ~~des Hinterteils~~ der Schulter)

S 82: Schlüsselwörter finden 1

Bukarest – Fest
Riga – Liga
Valletta – Lametta

S 83: Schlüsselwörter finden 2

Nikosia – Nikolaus, Nikotin
Helsinki – hell
Tallin – Tal

S 84: Nonsens-Wörter

mögliche Lösung: NoGeDAk

S 85: Merksätze aus Anfangsbuchstaben

Mein Vater erklärt mir jeden Sonntag unseren Nachthimmel.
Mit vielen Eselsbrücken merkt Julius sich unseren Nachthimmel.

S 86: Bilder im Kopf

S 88: Ohrwurm

Im summer of sixty-nine war der Mann im Mond nicht mehr allein
Sieben – Fünf – Drei, Rom schlüpft aus dem Ei (bekannte Eselsbrücke)
Österreich gewinnt in Sieben – Acht, das hätte Deutschland nie gedacht

S 89: Der feine Unterschied

Slow**a**kei – Bratislav**a**: Slowakei kommt der Buchstabe a vor, Bratislava endet auf a

Slowenien – Laibach: In Slowenien steckt das Wort „nie", in Laibach der „Bach". Merkspruch: Ich falle nie in den Bach

much – many: Matsch kann man nicht zählen

X-Y-Achse: Die **O**rdinate geht nach **o**ben, auf der **Ab**szisse kann man etwas **ab**stellen.

Quellen

[1] http://de.wikipedia.org/wiki/Benutzer:Neitram/Trickfragen_und_
Zungenbrecher#Zungenbrecher_und_andere_Nachsageproblemev sowie
http://www.youtube.com/watch?v=YcMT395UvWI (beide abgerufen 13.
April 2010)

[2] Hovestädt, W. (1997): „Sich selbst organisieren", Beltz, S. 111

[3] Stollreiter, Völgyfy, Jencius (2000): „Stressmanagement", Beltz, S. 95

[4] in Anlehnung an Edmund Jacobson, progressive Muskelentspannung

[5] Seite „Vulkan". In: Wikipedia. Die freie Enzyklopädie. Bearbeitungsstand: 6. April 2010, 11:54 UTC. URL: http://de.wikipedia.org/w/index.
php?title=Vulkan&oldid=72812767 (abgerufen: 17. April 2010, 06:44 UTC)

[6] http://www.udoklinger.de/Deutsch/Fabeln/Aesop.htm#Der%20
L%C3%B6we%20und%20der%20B%C3%A4r (abgerufen: 1. April 2010)

[7] Turecek, K. (2008): „Clever lernen KIDS", Krenn

[8] Seite „Haushund". In: Wikipedia. Die freie Enzyklopädie. Bearbeitungsstand:
26. März 2010, 12:04 UTC. URL: http://de.wikipedia.org/w/index.php?title=H
aushund&oldid=72373494 (abgerufen: 1. April 2010, 09:11 UTC)

[9] siehe auch: Turecek, K. & Peterson, B. (2010): „Handbuch Studium", Krenn

[10] Seite „Segeln". In: Wikipedia. Die freie Enzyklopädie. Bearbeitungsstand: 28. März 2010, 15:59 UTC. URL: http://de.wikipedia.org/w/index.
php?title=Segeln&oldid=72460655 (abgerufen: 31. März 2010, 07:23 UTC)

[11] Seite „Kreuzen (Seefahrt)". In: Wikipedia. Die freie Enzyklopädie. Bearbeitungsstand: 12. Dezember 2009, 17:33 UTC. URL: http://de.wikipedia.org/w/
index.php?title=Kreuzen_(Seefahrt)&oldid=67927952 (abgerufen: 31. März
2010, 07:23 UTC)

[12] Seite „Steuerbord". In: Wikipedia. Die freie Enzyklopädie. Bearbeitungsstand: 12. März 2010, 09:17 UTC. URL: http://de.wikipedia.org/w/index.php?
title=Steuerbord&oldid=71769408 (abgerufen: 31. März 2010, 07:22 UTC)

[13] North, V. & Buzan, T. (2001). „Get Ahead. Mindmap Your Way to Success".
Krenn

[14] Seite „Parodie". In: Wikipedia. Die freie Enzyklopädie. Bearbeitungsstand: 13. März 2010, 23:44 UTC. URL: http://de.wikipedia.org/w/index.php?title=Parodie&oldid=71846940 (abgerufen: 31. März 2010, 10:59 UTC)

[15] Seite „Bruttoinlandsprodukt". In: Wikipedia. Die freie Enzyklopädie. Bearbeitungsstand: 27. März 2010, 09:35 UTC. URL: http://de.wikipedia.org/w/index.php?title=Bruttoinlandsprodukt&oldid=72404891 (abgerufen: 31. März 2010, 11:04 UTC)

[16] Seite „Photosynthese". In: Wikipedia. Die freie Enzyklopädie. Bearbeitungsstand: 30. März 2010, 13:44 UTC. URL: http://de.wikipedia.org/w/index.php?title=Photosynthese&oldid=72541025 (abgerufen: 31. März 2010, 11:06 UTC)

[17] Seite „Globale Erwärmung". In: Wikipedia. Die freie Enzyklopädie. Bearbeitungsstand: 29. März 2010, 08:45 UTC. URL: http://de.wikipedia.org/w/index.php?title=Globale_Erw%C3%A4rmung&oldid=72486953 (abgerufen: 1. April 2010, 14:59 UTC)

[18] Seite „Teilchenbeschleuniger". In: Wikipedia. Die freie Enzyklopädie. Bearbeitungsstand: 31. März 2010, 08:18 UTC. URL: http://de.wikipedia.org/w/index.php?title=Teilchenbeschleuniger&oldid=72574024 (abgerufen: 31. März 2010, 11:49 UTC)

[19] Seite „Jahresabschluss". In: Wikipedia. Die freie Enzyklopädie. Bearbeitungsstand: 5. März 2010, 09:32 UTC. URL: http://de.wikipedia.org/w/index.php?title=Jahresabschluss&oldid=71475023 (abgerufen: 1. April 2010, 13:04 UTC)

[20] Potzmann, R. & Perkhofer-Czapek, M. (2009): „Trainingsbausteine 2", bvl

[21] Seite „Berufswahl". In: Wikipedia. Die freie Enzyklopädie. Bearbeitungsstand: 1. März 2010, 13:54 UTC. URL: http://de.wikipedia.org/w/index.php?title=Berufswahl&oldid=71298457 (abgerufen: 8. April 2010, 16:43 UTC)

[22] http://www.internet-maerchen.de/ (abgerufen 18. April 2010)

[23] Elbow, P. (1998): „Writing with Power. Techniques for Mastering the Writing Process". New York / Oxford: Oxford University Press. In: Turecek, K. & Peterson, B. (2010): „Handbuch Studium", Krenn

[24] Endres, W. (2004): „111 starke Lerntipps", Beltz

Lernen mit Köpfchen

Clever lernen – Kids

Dr. Katharina Turecek

Wer das Lernen einmal richtig lernt, ist fit für alle zukünftigen Anforderungen. „Clever lernen – Kids" zeigt Ihnen, wie Ihr Kind Lernstoffe effizient strukturiert und seine Denk- und Merkfähigkeit verbessert. Spielerische Zugänge und die besten Motivationstricks eröffnen einen zwanglosen Zugang zum Lernen. Dr. med. Katharina Turecek, gehört zu den führenden Gedächtnisforschern im deutschsprachigen Raum. Die erste Jugend-Gedächtnismeisterin Österreichs vermittelt ihr Wissen seit Jahren als Lerncoach und in der Lehrerfortbildung.

160 Seiten, 16,5 x 23 cm, durchgehend illustriert
Preis: € 19,90, ISBN 978-3-902532-83-1

Besseres Gedächtnis

Gutes Gedächtnis – leicht gemacht mit CD-ROM

Dr. Luise M. Sommer

Der Titel des Buches ist Programm: die Einführung in das Thema Gedächtnistraining für Menschen jeden Alters. Sich Namen und Gesichter merken, über ein verblüffendes Zahlengedächtnis verfügen, das Erinnerungsvermögen im beruflichen und privaten Alltag nachhaltig fördern – dies ermöglichen die spielerisch vorgestellten mnemotechnischen Methoden. Dr. Luise M. Sommer ist zweifache Österreichische Gedächtnismeisterin. Die erfahrene Pädagogin arbeitet seit Jahren äußerst erfolgreich als Gedächtnistrainerin.
Jetzt aktualisiert und interaktiv!

192 Seiten, 16,5 x 23 cm, gebunden
Preis: € 22,–, ISBN 978-3-902532-87-9

KRENN 🕀

Hubert Krenn VerlagsgesmbH

Gußhausstraße 18, 1040 Wien, Tel. 01 585 34 72, Fax 01 585 04 83, hwk@buchagentur.at, www.hubertkrenn.at

Guter Rat ist nicht teuer

Einmal gelernt – nie mehr vergessen
Katharina Turecek

Lernen bedeutet vor allem Informationen so im Gehirn abzuspeichern, dass sie nicht mehr verloren gehen. Wie man Informationen so verarbeitet, dass sie den Sprung vom Kurzzeitgedächtnis ins Langzeitgedächtnis schaffen, veranschaulicht die Autorin mit einfachen Tricks und Tipps.

128 Seiten, 15 x 21 cm, broschiert, zahlreiche Farbabbildungen, Preis: € 12,90
ISBN 978-3-902351-40-1

Warum wir essen, was wir essen
Eva Derndorfer

Die Ernährungswissenschaftlerin Dr. Eva Derndorfer führt Sie durch die faszinierende Welt des Geschmacks. Vom Kind bis zum alten Menschen – für jede Altersstufe zeigt sie anhand neuester Erkenntnisse und für den Laien verständlich, warum wir essen, was wir essen.

144 Seiten, 16,5 x 23 cm, broschiert, durchgehend bebildert, Preis: € 16,90
ISBN 978-3902532-67-1

Gutes Gedächtnis – leicht gemacht mit CD
Luise M. Sommer

Der Titel des Buches ist Programm: die Einführung in das Thema Gedächtnistraining für Menschen jeden Alters. Sich Namen und Gesichter merken, über ein verblüffendes Zahlengedächtnis verfügen, das Erinnerungsvermögen im beruflichen und privaten Alltag nachhaltig fördern – dies ermöglichen die spielerisch vorgestellten mnemotechnischen Methoden.

192 Seiten, 16,5 x 23 cm, gebunden, durchgehend zweifarbig, Preis: € 22,
ISBN 978-3-902532-87-9

KRENN ❖
Hubert Krenn VerlagsgesmbH

Gußhausstraße 18, 1040 Wien, Tel. 01 585 34 72, Fax 01 585 04 83, hwk@buchagentur.at, www.hubertkrenn.at

Kinder & Ernährung

Generation Chips
Fröhlich, Finsterer

Ohne Scheuklappen analysieren die Autoren Edmund Fröhlich, Gesundheits-
manager im privaten Klinikbereich, und Susanne Finsterer, Journalistin, das
Phänomen einer bevorstehenden Fettsucht-Epidemie und untermauern ihre
schonungslosen Überlegungen durch zahlreiche Interviews mit namhaften
Experten und Betroffenen.

128 Seiten, 16,5 x 23 cm, broschiert, durchgehend bebildert, Preis: € 16,95
ISBN 978-3-902532-30-5

Kinder lernen essen
Hanni Rützler

Die Autorin zeigt neue Wege im Umgang mit der Vielfalt auf und setzt den
Schwerpunkt auf den lustvollen, sinnlichen Umgang mit den Lebensmitteln.
Hier finden Sie kindergerechte Wege zum Wohlfühlgewicht, zum Abbau von
Übergewicht, sowie viele Hintergrundinformationen und wertvolle Tipps und
Tricks, wie Sie die Ernährung und Freizeit Ihres Kindes besser gestalten können.

240 Seiten, 16,5 x 23 cm, gebunden, Preis: € 24,90
ISBN 978-3-902351-94-4

Starke Kinder lernen essen
Karin Lobner

Ein praktischer Ratgeber für Eltern mit übergewichtigen Kindern. Dicke
Kinder haben es schwer. Sie müssen stark sein, um Hänseleien und
Ausgrenzungen zu ertragen. Die Zahl der Kinder, die zu viele Kilos mit sich
herumtragen, nimmt seit Beginn der 80er Jahre stetig zu.

128 Seiten, 16,5 x 23 cm, broschiert, durchgehend bebildert, Preis: € 16,95
ISBN 978-3-902532-31-2

KRENN
Hubert Krenn Verlagsgesmbh

Gußhausstraße 18, 1040 Wien, Tel. 01 585 34 72, Fax 01 585 04 83, hwk@buchagentur.at, www.hubertkrenn.at

Handbuch Studium

Effizient und erfolgreich lernen, schreiben und präsentieren

In Zeiten globaler (Arbeitslosen-)Krise ist die Bedeutung einer hochwertigen Ausbildung noch mehr ins öffentliche und private Interesse gerückt – und damit auch das Studium an Universitäten. Angesichts der Notwendigkeiten eines lebenslangen Lernens stellt dabei die Fertigkeit, sich neues Wissen selbst organisiert aneignen zu können, eine entscheidende Qualifikation dar.

„Handbuch Studium" versammelt eine breite Palette an Lern- und Arbeitsstrategien, die flexibel und situationsgerecht einsetzbar sind. Wissenschaftliche Erklärungen, Selbsteinschätzungstest und Zusammenfassungen am Ende jedes Kapitels helfen, die persönliche Wissensstrategie zu erarbeiten bzw. umzusetzen (Prüfungen!) und damit das Studium erfolgreich zu bestehen.

AUS DEM INHALT

- Lernen als Prozess – die Teilschritte erfolgreichen Studierens
- Schau genau – Überblicken als Beginn jedes selbst organisierten Wissenserwerbs
- Gelernt und erinnert – verknüpfen und verankern leicht gemacht
- Erfolgreiche Vorbereitung auf mündliche und schriftliche Prüfungen und Multiple-Choice-Tests
- Wissenschaftliches Arbeiten für Seminar-, Diplomarbeiten und Präsentationen

ERSCHEINT IM AUGUST 2009

Katharina Turecek, Birgit Peterson
Handbuch Studium – Effizient und erfolgreich lernen, schreiben und präsentieren
Ca. 196 Seiten, 16,5 x 23 cm, broschiert
Preis: EUR 19,95 (A/D). CHF 35,50*
ISBN 978-3-99005-033-0

Um fast geschenkte EUR 9,95 – das erste Uni-Jahr nicht verschenkt.

Der kleine Bruder im Taschenformat

Der kleine Bruder zur großen Schwester. Für alle, die das Studium locker in die Westentasche stecken. Innen auf das reduziert, was Studies für effizientes Erarbeiten, Lernen und Darstellen unbedingt benötigen. Außen dank gummierter Oberfläche und nicht überstehendem Cover spritzwasser- und knickresistent. Mit abgerundeten Ecken und Gummiband zum Verschließen.

KRENN

Hubert Krenn VerlagsgesmbH

Gußhausstraße 18, 1040 Wien, Tel. 01 585 34 72, Fax 01 585 04 83, hwk@buchagentur.at, www.hubertkrenn.at